AF453308

Il a été tiré de cet ouvrage
10 exemplaires sur papier de Hollande, numérotés de 1 à 10.

Visages d'hier
et d'aujourd'hui

DU MÊME AUTEUR

PARIS. — TYPOGRAPHIE PLON-NOURRIT ET Cie, 8, RUE GARANCIÈRE. — 15314.

ANDRÉ BEAUNIER

Visages d'hier et d'aujourd'hui

PARIS

LIBRAIRIE PLON

PLON-NOURRIT ET Cie, IMPRIMEURS-ÉDITEURS

8, RUE GARANCIÈRE — 6^e

—

1911

Tous droits réservés

A FRANCIS CHEVASSU

Mon cher ami,

Je te dédie ce petit ouvrage, comme un signe de véritable amitié.

En outre, tu es l'auteur de Visages, *livre admirable, livre charmant et profond, plein de sagesse et de plaisanterie et qui, ainsi, prend la vérité par les deux biais où elle nous est accessible.*

Je t'ai emprunté le titre de mon essai ; et je te le rends après en avoir fait, mon Dieu, ce que j'ai pu. J'avais songé à Silhouettes, *au lieu de* Visages. *Seulement, c'est un mot qui n'a pas encore deux siècles d'âge ; et nous n'aimons pas les néologismes, toi et moi. Puis l'étymologie du mot ne me plaît pas beaucoup ; elle nous reporte à ce financier parcimonieux, Étienne de Silhouette, qui était contrôleur général au temps de Louis XV et qui avait la manie de tracer, sur les murailles, le contour des figures, d'après l'ombre que la chandelle en projetait. D'ail-*

leurs, il avait traduit Pope; et la marquise de Pompadour l'estimait. Préférons, toutefois, un vocabulaire de meilleure et plus longue ascendance. Il m'a paru digne et convenable de m'adresser à toi plutôt qu'à cet homme d'argent.

*
* *

Au douzième siècle, Vincent de Beauvais composa une étude savante et qu'il intitula, mais en latin, le Grand Miroir. Imprimé ensuite, le volume est de fortes dimensions. Ce dominicain diligent y avait enfermé la somme des idées qui alors occupaient les âmes.

Un tel projet, de nos jours, serait irréalisable, à cause de la quantité des sciences qui se disputent notre vif intérêt, et à cause du grand désordre qu'il y a dans les esprits. Quand florit Vincent de Beauvais, les idées et, voire, les faits se distribuaient, se rangeaient en catégories bien distinctes, lesquelles étaient ordonnées à peu près comme, sur les parois des cathédrales, les tableaux de pierre sculptée ou de verre peint.

Ce fut commode, et beau.

Mais, aujourd'hui, l'on a bouleversé tout cela;

l'idéologie eut ses vandales, comme les cathédrales ont eu les penseurs de la Révolution, gens armés de marteaux pour casser les statues saintes.

J'aurais voulu t'offrir une esquisse ou une miniature de la pensée contemporaine. L'on trouverait une satisfaction de bon aloi, il me semble, et une sorte de sécurité à voir réunies et groupées logiquement les doctrines qui sont en vogue. Si elles s'accordaient ensemble, nous saurions que l'absurdité nous est épargnée; et ce serait, pour nous, un repos.

Il faut y renoncer. Je t'assure que la pensée contemporaine n'est point analogue à une cathédrale, ni même à nul monument, vulgaire et solide. Elle ressemblerait davantage à des décombres, ou bien à un tas de matériaux, les uns qui proviennent de vieilles ruines, les autres tout neufs et qu'on n'a point encore éprouvés; quant à dire si jamais on pourra, de cette abondance, rien bâtir, je crois que personne ne l'oserait.

C'est pour cela que le présent volume est formé de petits chapitres que j'ai placés les uns à côté des autres, sans aucunement prétendre à les lier par le fil d'une dialectique; et c'est la marque de mon désespoir : j'ai renoncé à composer l'image de mon temps.

Je ne t'offre pas un miroir, mais seulement quelques morceaux d'un miroir brisé.

IV

Tu remarqueras aussi qu'au lieu de désigner mes divers chapitres par des indications d'idées, je leur ai donné des noms de personnes.

Comment faire? Il n'est pas une idée, maintenant, qui échappe à mille objections; il n'en est pas une qu'on ait laissée un peu tranquille, dans son attitude de vierge souveraine. Si j'avais dû défendre chacune de celles que je présentais et réfuter ses ennemis, je risquais de succomber à la tâche. Puis je ne les aime pas toutes également. Enfin, j'allais à me contredire : c'est un amusement qu'on doit abandonner à son prochain.

Cependant, je ne voulais pas livrer toutes nues ces vierges de la mésintelligence contemporaine, les idées; et je les ai vêtues de leurs accoutrements les plus recommandables, ceux que leur ont fabriqués et nos écrivains et nos artistes et nos savants. Je leur ai donné pour défenseurs les tutélaires et notoires amis de leur beauté, leurs inventeurs ou, quelquefois, leurs amants nouveaux et tardifs.

Je crois qu'il était légitime et recommandable de procéder ainsi, dans le désordre que je signalais premièrement. Si nous examinons, avec une rare sincérité, nos prédilections et, autant dire, nos certitudes, nous apercevons que, pour la plupart, elles sont de qualité sentimentale. Et nous n'aimons pas une idée toute seule, mais nous aimons une idée qui, par les soins de tel ou tel, a pris un joli tour. Il y a là du caprice, de la rancune et de la faveur, je l'accorde; la pure logique nous recommanderait une autre méthode, plus rigoureuse et impérieuse.

Mais qu'est-ce que la logique est devenue? Et où donc est-elle? On l'a employée à de tels usages qu'elle n'avait plus un aspect fort honnête; puis elle a disparu, trait de pudeur.

Si nous n'avions la spontanéité de nos sympathies, pour nous guider dans notre choix, mon cher ami, nous n'éviterions pas l'extrémité du scepticisme.

Tu verras, dans cette galerie de portraits, des poètes qui répudient les nouveautés les plus récentes et, hier encore, les plus attrayantes; des mathématiciens qui ne croient plus à l'évidence mathématique; des philosophes qui annoncent la mort de la métaphysique. Tu verras des démolisseurs intrépides et des constructeurs inquiets. Principalement, tu verras que ces différents maîtres d'une théorie s'entendraient mal les uns avec les autres, s'ils n'étaient bien pourvus d'aménité, de douceur indulgente et s'ils ne possédaient une aimable faculté de sourire.

La plus terrible désorganisation de l'idéologie contemporaine s'est manifestée à l'époque où nous cessions d'être parfaitement jeunes et quand nous arrivions à l'âge où l'on serait content de savoir un peu ce qu'on pense, où il serait convenable de perdre l'irrésolution qui fait le charme ambigu de l'adolescence. Notre maturité aura subi de rudes tribulations. Et nous avons bien du mérite à n'être pas des libertins.

Après avoir longtemps épilogué, selon l'usage de nos compatriotes épars, nous nous réfugions dans l'asile de nos préférences lointaines. Il est, à cette fin, nécessaire que nous remontions au delà de nos écoles, comme on disait jadis, et jusqu'à nos enfances pour y trouver nos désirs profonds, nos clairs devoirs et nos volontés franches. La pire folie consiste à se figurer qu'on invente la vie ou qu'on l'inaugure. Parmi les joueurs de flûte et les bâtisseurs de systèmes, il y a le plaisir d'un instant ; il n'y a que cela. Et les doctrines valent les doctrines. Nos plus délicates recherches spirituelles ne nous donnent que des motifs de savante incertitude. Alors, renonçant aux plus élégantes perversités de l'intelligence, nous rentrons chez nous comme après une équipée dangereuse. Ce voyage, ce retour, on le fait sans difficulté, avec un peu de mélancolie, avec une allégresse désabusée. Les chemins de la pénitence sont doux d'un bout à l'autre, d'abord avec de futiles souvenirs, ensuite avec de bonnes espérances ; on abandonne et l'on n'est point abandonné.

Je t'offre donc ce petit recueil d'idées contemporaines, autorisées, les unes à merveille et les autres un peu moins bien, par leurs tenants ; quelques-unes d'entre elles nous tentèrent naguère, et le prestige a disparu : d'autres, que nous négligions, nous tentent ou bien sont à la veille de le faire. Tu choisiras ; tu as choisi. Et, comme nos préférences sont à peu près les mêmes, tu me loueras de laisser voir les miennes et d'avoir éconduit les séductions périlleuses de l'impartialité.

ANDRÉ BEAUNIER.

VISAGES
D'HIER ET D'AUJOURD'HUI

LE VICOMTE DE VOGÜÉ

Cette très noble, grave, éloquente et poétique pensée, que rien ne détachait de son espoir, fut sans cesse occupée de regarder le spectacle de la vie moderne et d'y pressentir obstinément la présence d'un rêve.

Le caractère de cet esprit, de cette œuvre et de cette activité fut un idéalisme fidèle et, par moments, héroïque. Les réalités tumultueuses et l'époque ne détournèrent pas Vogüé de croire à l'efficacité bienfaisante des idées. Notre époque en a découragé d'autres, mais non pas lui : elle ne put que l'attrister.

Il y a vingt-cinq ans, à peu près, qu'il manifesta sa croyance ou, plutôt, sa volonté d'une croyance. Ce fut une sorte d'évangile imprévu, qui étonna les littérateurs et qui émut les philosophes.

Aux environs de 1885, ceux-ci et ceux-là étaient réalistes et positivistes. La philosophie s'éloignait de la métaphysique et elle commençait à se distribuer entre les sciences particulières, lesquelles se signalaient par leur imprudente sécurité ; et, quant à la littérature, elle comptait excessivement sur l'intérêt, sur la valeur et sur la signification totale de l'observation ou, comme on disait avec un jeune orgueil, de la méthode expérimentale. C'est alors que Vogüé protesta contre une telle diminution de ce qui fait le naturel souci des âmes.

On oubliait, précisément, les âmes : il se souvint d'elles et il les défendit.

Il s'adressait aux écrivains — et, pour un apôtre, il n'y a pas un auditoire plus dangereux ; — il les priait de méditer — ce n'est pas leur besogne habituelle — sur ces lignes de la *Genèse* : « Le Seigneur Dieu forma l'homme du limon de la terre... » Mais ce n'est pas tout, ô écrivains de 1885 notamment : « Et il lui inspira un souffle de vie ; et l'homme fut une âme vivante. » Vous l'aviez joliment omis, ô écrivains de 1885 ; et vous, écrivains ultérieurs, vous en souvenez-vous, même après qu'on vous l'a rappelé ?... Or, le limon, c'est affaire à la science expérimentale de l'étudier, d'y remarquer diverses choses, de les noter, de les ranger, de s'en servir ; mais, le souffle, il ne faut pas qu'on le néglige, sous peine de ne rien constituer de vivant : « car la vie ne commence que là où nous cessons de comprendre ».

Cette formule, ne la menons pas jusqu'à ses conséquences dernières, jusqu'au mysticisme et jusqu'à l'agnosticisme périlleux qui vous appellent dès qu'on a quitté les certitudes positives, du moins ce qu'on nomme, à tout hasard, ainsi. Ce qu'affirme cette formule, c'est l'authenticité du mystère. Ce qu'elle nie, en outre, c'est la possibilité de disjoindre ces deux éléments indissolubles de toute réalité : la matière concrète et sa substance mystérieuse.

La matière concrète est l'objet sur lequel travailleront les positivistes : et, s'ils sont positivistes, peu importe. Mais la substance mystérieuse nous invite à la religion.

Par là, Vogüé n'entend pas, en principe, telle foi déterminée plutôt que telle autre : il veut dire qu'une partie — et l'essence même — de ce qui est réclame notre émerveillement. Il veut dire aussi qu'on ne peut pas regarder toute la nature : une partie de la nature échappe au regard de nos yeux; et nous la devinons. Bref, il y a, dans la nature, de l'évidence et, principalement, de la croyance.

Il s'insurgeait au nom de la croyance. Ou bien, en d'autres termes, il ajoutait à ce qui est physique ce qui est moral : l'âme.

Il condamnait une littérature qui se contente de peindre ce qu'on voit. Par exemple, s'il admirait l'art de Flaubert et de Stendhal, il réprouvait l'esthétique de *Madame Bovary* et de la *Chartreuse de Parme*. A ces deux livres, il préférait — pour être bien démonstratif — l'imparfait *Adam Bede* de George Elliot. Là, il sentait une « grandeur invisible » : — « Une larme tombe sur le livre; pourquoi, je défie le plus subtil de le dire : c'est que c'est beau comme si Dieu parlait, voilà tout!... »

Dégagez l'âme de la réalité : tel est, en résumé, le vif apostolat que Vogüé mena parmi ces terribles gentils, les littérateurs.

Son évangile de littérature nouvelle parut, sous la forme d'une préface, en tête du *Roman russe*. C'est à la lecture de Tolstoï, de Tourguéneff et de Dostoïevsky, peu connus alors chez nous, que le savant critique avait senti naître en lui le désir d'un art idéaliste ou, mieux, d'un art qui tînt compte des âmes et de leurs divines velléités.

Cette préface fit du bruit. Et peu s'en fallut que Vogüé ne devînt le fondateur d'une secte. C'était plus et moins qu'il n'avait souhaité. Je ne sais si, parfois, ses disciples ne l'inquiétèrent pas. On les appela néo-chrétiens ou néo-catholiques.

En fait, il ne s'agissait pas de constituer un

nouveau christianisme. Ce que le maître avait indiqué, c'était la nécessité de rétablir, dans la pensée contemporaine, une idée religieuse.

On vit, assurément, des néo-chrétiens qui allaient un peu vite en besogne, si d'autres ne faisaient rien. Et l'on en cite plusieurs qui ont mal tourné : il n'est pas d'église qui n'ait ses brebis turbulentes. Ajoutons qu'une église composée de littérateurs est plus exposée qu'une autre à de tels ennuis : ces gens sont dépourvus d'ingénuité véritable et, fréquemment, légers; puis les idées qui entrent dans leur cerveau deviennent des phrases, en moins de temps qu'il n'en faudrait pour y songer.

Tout de même, on peut constater que, de l'époque où se répandit l'évangile du *Roman russe,* date en notre pays une littérature idéaliste qui a donné quelques chefs-d'œuvre.

A l'auteur de cet évangile, on reprocha d'affirmer éperdument qu'il fallait croire et de ne pas dire ce qu'il fallait croire. C'est beaucoup demander à un seul apôtre! Cependant, on le lui reprocha, et non sans une apparence de raison. Il éveillait l'appétit des fidèles et il ne les nourrissait pas. Mais, dans l'abstention qu'il observa là-dessus, il y a encore l'un des caractères de sa philosophie. Le mystère a, au long des âges, revêtu bien des costumes divers. Le principal est qu'on ne le méprise pas : après cela, que chacun l'habille à sa fantaisie.

Et puis, Vogüé ne voulait pas que sa doctrine fût contradictoire à une préférence dogmatique. Il avait la sienne, mais il n'éconduisait par celle d'autrui. Il a écrit : « A quoi bon vivre, si ce n'est pour s'instruire, c'est-à-dire pour modifier sans relâche sa pensée? Notre âme est le lieu d'une perpétuelle métamorphose : c'est même la plus sûre garantie de son immortalité. Les deux idées ne sont jamais séparées, dans les grands mythes où la sagesse humaine a résumé ses plus hautes intuitions. »

Il ne préjugeait pas ce que pourrait être, un jour, la pensée ou, comme dit Tolstoï, la « conscience religieuse » de l'humanité. Ce qu'il affirmait, c'était l'idéalisme, et non l'une de ses formes au détriment des autres.

*
* *

Il fut un grand voyageur: et il fit perpétuellement le double voyage des livres et des pays. Il se promena par le temps et l'espace, amusé des civilisations anciennes ou lointaines.

L'Orient l'enchanta, qui est la terre natale des religions. Il en aima les paysages, qu'on dirait préparés pour de sublimes et familières paraboles. Il en aima aussi la désolation formidable et comme le poignant désespoir, cette nostalgie qui tourmente les âmes et qui fait qu'ici-bas elles ne se sentent pas installées dans leur vraie patrie. Aux portes de Baktchi-Saraï, à Tchoufout-Kalé, un jour, il aperçut une tribu de tsiganes qui habitait de misérables huttes : quelques pierres accotées au flanc de la montagne et fermées par un lambeau d'étoffe. Ces parias vivaient comme on ne peut pas vivre. Et, s'ils vivaient, c'était grâce à leur musique sempiternelle, musique étrange et qui, à leurs âmes, servait de diversion prestigieuse.

Aux différents carrefours de l'histoire, il rencontra de telles hordes, ainsi dépourvues, soumises aux rudes traitements de la sauvagerie humaine et du destin. Chacune d'elles lui apparut sinistre, mais pourvue de sa musique, sans quoi la race des hommes serait anéantie depuis longtemps. Une musique ou une autre : celle-ci qui frémit sur des cordes tendues, celle-là qui n'est que le son d'une parole véhémente, celle-là qui n'est qu'un fier fanatisme ou bien qu'une espérance douce, celle-là encore qui, au fond des âmes, ne fait que le bruit monotone et léger d'une divine patience.

Qui ne se rappelle, dans les *Histoires orientales,* l'aventure de Vangheli le Syrien, diacre, marin, pêcheur d'éponges, qui devient amoureux de la folle Lôli, tue son rival et, après maintes tribulations de douleur, remercie le Seigneur Dieu

« d'avoir fait la terre si grande, afin que ceux qui souffrent puissent marcher devant eux jusqu'à ce qu'ils aient lassé le souvenir qui les poursuit » ?

La terre d'Égypte, que visita Vogüé, eut assurément une influence vive sur son esprit. Ce voyage le rendit plus curieux encore des paysages pittoresques, plus sensible au caractère varié des civilisations étranges, plus attentif au visage divers qui prend la vie des hommes à travers le temps et l'espace. Il reçut fortement l'impression du passé ; il s'éprit davantage encore des nostalgiques rêveries qu'éveille la contemplation des âges persistants. Au pied des Pyramides, il relut les *Pensées* de Pascal. En ce lieu d'histoire qui refuse d'être abolie, il aperçut, à la porte d'une petite tente, un fellah employé aux fouilles ; et il écrivit : « Alors j'ai pensé qu'il doit y avoir quelqu'un pour qui cette antiquité et cet espace sans bornes sont misères égales, qui juge ce mendiant et les Pharaons, une loque de toile et les pyramides, aujourd'hui et les longs siècles, à la commune mesure de son éternité. »

De tant de races, de peuples et de temps, il étudiait la transition lente, il examinait le successif héritage. Il contrôla de cette manière le devenir ininterrompu des âges ; et il vit comme l'un ne continue pas seulement les autres, mais en dérive.

Il aboutit évidemment à une doctrine de la tradition perpétuelle.

Alors, quand il revint des périples qu'il avait

accomplis à travers le temps et l'espace, et quand il examina son époque, il s'effraya de la voir si dédaigneuse du passé, audacieuse et résolue à rompre avec les siècles antérieurs. Il lui rappela que les morts parlent et que leur voix est impérieuse.

Prophète du passé, — il mérite ce magnifique nom. Mais comme, en outre, il aima son époque si folle, et qu'il trouvait, en dépit de la folie, admirable !

L'une des dernières pages qu'il ait publiées portait ce titre : *Une grande année*. Cette grande année, c'était 1909, l'année des aviateurs. Aux Français qui se laisseraient affliger par les signes mauvais que donne la politique, il conseillait de ne pas croire que la vie de la nation fût toute révélée par son exécrable Parlement. Les vilaines choses du Palais-Bourbon, il les connaissait : pendant une législature, il avait été à la Chambre. Quand l'élurent ses compatriotes de l'Ardèche, il espéra sans doute que le Parlement lui donnerait l'occasion d'agir. Il sut bientôt que la Chambre de nos députés n'est pas un bon endroit et qu'on n'y fait rien. La législature écoulée, il se retira, plus triste que jamais, tout à la mélancolie d'une épreuve qui avait tourné contre son vœu. Il eut le cruel chagrin du philosophe qui a senti que la philosophie n'est pas la souveraine des démocraties parlementaires. Mais quoi ! 1909 est, pour la France, l'année des belles découvertes et marque superbement l'effort qu'on fit chez nous en vue de passionnantes conquêtes, auxquelles l'humanité fut attentive.

Il était curieux des nouveautés que trouvent les savants et des progrès que réalise l'industrie. Les merveilles qu'assembla l'Exposition de 1889, il les décrivit comme les splendeurs des villes orientales où dorment les siècles de l'oubli. Les questions du jour éveillaient son ardente curiosité. Il en ressentait profondément l'émoi. Des moindres faits, il découvrait les significations hypothétiques et les redoutables prolongements. De merveilleuses images étaient la parure de ses quotidiennes rêveries, qui prenaient aisément une harmonieuse qualité de poèmes.

* *
*

La tradition et l'avenir vont, dans son œuvre, du même pas auguste. Leur double passage est un émouvant spectacle. Mais leurs deux routes sont parallèles, — et malgré lui, car il aurait voulu les réunir. Toute sa philosophie politique et morale est dans le regret et l'angoisse qu'il éprouve à les voir séparées.

C'est la grande mélancolie de tous ses livres ; et c'en est la beauté sombre. Nulle époque d'aucun pays ne s'improvisa une âme... Il fut tourmenté de cette inquiétude que suggérait au patriote l'historien.

Et il y a, dans tous ses livres, une tristesse que charme, comme la musique les tsiganes de Baktchi-Saraï, la mélodie des phrases qui développent éloquemment leurs sons et leurs rythmes. Il y avait aussi, dans toute sa façon d'être, cette même tristesse, mais animée de stoïcisme et fière assez pour se montrer sereine et gracieuse dans la douleur.

Il était grand et fort. Sa voix nette et bien sonore scandait les mots avec énergie. Il ne souriait que de temps en temps, et comme pour se divertir du songe des siècles. Il était amical et simple.

En l'un de ses beaux livres, il a traduit avec bonheur le symbole de ces scarabées que le peuple ingénieux d'Égypte mettait, dans les momies, à la place du cœur. Celui-ci, travaillé des souffrances d'ici-bas, on l'ôtait et on le jetait; on lui substituait l'emblème de la métamorphose, qui est l'image humaine de l'éternité. Le nom hiéroglyphique du scarabée est synonyme du mot *devenir*. Et lui, dégagé des attaches terrestres, cet esprit que sa méditation préparait a soudain pris son vol, les ailes enfin délivrées des élytres, pour aller contempler ailleurs des vérités, analogues sans doute à ses idées, mais fixes et rayonnantes.

CHARLES BORDES

Le grand César Franck disait : — « Je ne sais pas ce qu'il adviendra de mon œuvre ; mais j'aurai eu, parmi mes élèves, trois hommes de génie. » Et il les désignait ; c'étaient Henri Duparc, Alexis de Castillon et Charles Bordes.

A présent, de ces trois hommes de génie, il ne reste qu'Henri Duparc, le Baudelaire de la musique, l'auteur de ces poignantes mélodies, *la Vie antérieure*, *l'Invitation au voyage*, et de bien d'autres, celles-ci composées sur des poèmes des *Fleurs du mal*, et si nostalgiques, si délicates et fortes, si belles !...

Mais Alexis de Castillon est mort peu de temps après la guerre, très jeune encore, ayant donné à prévoir une sorte de nouveau Schumann, ardent musicien, fécond, prodigue de sonorités splendides, inventeur d'idées et de sentiments.

Charles Bordes est mort à quarante-cinq ans ; et, depuis une dizaine d'années, il était paralysé. Ce coup terrible avait interrompu son œuvre au moment même où elle fleurissait, où elle allait s'épanouir magnifiquement, avec une simple et puissante originalité.

Il y a de longues années aussi que la maladie empêche Henri Duparc d'écrire.

Et ainsi, l'admirable promesse qu'était le génie de ces trois élèves de César Franck, si différents entre eux, si variés, si allégrement créateurs, cette promesse abondante, opulente, le sort n'a pas voulu qu'elle réalisât toute sa plénitude.

De telles aventures sont douloureuses. Elles sont, en outre, gênantes pour nos idéologues évolutionnistes. La musique française contemporaine aurait sans doute évolué autrement, si ces trois musiciens avaient eu leur destinée normale et leur efficacité. Les philosophes qui épiloguent sur les fameuses lois de l'histoire ne tiennent pas compte des hasards et de leurs déraisonnables caprices.

*
* *

Je n'ai connu Charles Bordes que tardivement.

On était d'abord attristé de le voir, si chétif et blessé, sa main gauche tout à fait morte, sa jambe gauche qui se faisait traîner, ses yeux qui ne remuaient pas ensemble. On le croyait effaré. De noir vêtu, avec un col bas, une cravate noire et, souvent, une redingote boutonnée de façon quasi religieuse, il avait l'air d'un clerc humble et doux.

Ses cheveux courts et qui n'étaient pas coiffés, sa courte moustache noire et, dans toutes ses manières, quelque chose de mélancoliquement craintif et résigné : on allait avoir pitié de lui; mais la dignité de son attitude imposait. Dans cette extrême faiblesse du corps, il y avait visiblement une vive énergie de l'esprit. Il semblait pauvre et, avec tant de naturelle modestie, si fier! Il était, comme le saint charmant d'Assise, lui aussi le Poverello, — oui, le Poverello de la musique.

On s'attristait d'abord; et puis, non.

Un de ses amis, son plus parfait ami, — et qui fut, pour lui, si gentiment bon que l'on n'ose pas le nommer, — me disait :

— Ne plaignez pas Bordes; il est très heureux!...

Pauvre Bordes!... Mais il était heureux, en effet; on ne tardait pas trop à s'en apercevoir : une gaieté enfantine, et de qualité presque divine, l'animait bientôt, dès qu'il entrait en sécurité. Il fallait qu'on oubliât, de même que lui, toutes les émouvantes raisons qu'il aurait eues de se désespérer; alors, il riait, il plaisantait, il se moquait des singulières péripéties de son existence, il était amusant, drôle.

Il s'amusait; il s'est beaucoup plu dans la vie. Il ne lui demandait guère et il était content de la

moindre aubaine qui lui advenait. Il avait été
assez riche; et puis tout son argent s'en était allé
sans qu'il sût avec exactitude comment. Il avait
été bien portant; et puis sa santé aussi s'en était
allée, un jour, avec tant de soudaineté qu'à peine
s'en aperçut-il. Ceci et cela ne lui apparurent que
comme des accidents à propos desquels il ne faut
pas conclure. Son allégresse était la flamme de
son intelligence; et les défaillances de la réalité
matérielle n'y portèrent pas atteinte.

*
* *

Il fut un grand bohème; mais, ce grand
bohème incorrigible, il le fut avec noblesse.

Il avait un domicile; mais il le quittait avec
facilité, avec joie. Il adorait de voyager, de vaga-
bonder. Nulle belle musique ne l'a jamais appelé,
en aucun lieu proche ou lointain, sans que tout
de suite il arrivât, muni de sa ferveur et prêt aux
bons offices.

Il a éduqué, dressé, excité de sa noble passion
d'artiste, des centaines de musiciens. Il n'avait
pas de mots à leur dire pour leur inculquer le
désintéressement qui fut son habitude quotidienne et sa morale à peine consciente. Lorsqu'ils
voyaient ce paralytique pauvre et qui, pour venir
à eux, avait fait un long et dur chemin, agiter de
sa bonne main le bâton du chef d'orchestre et

mettre en chacun de ses mouvements toute son âme subtile, tendre et fougueuse, ils subissaient le merveilleux prestige de son art et de sa piété.

L'un des plus admirables peintres de ce temps disait à je ne sais plus qui, avec une brusquerie orgueilleuse :

— De mon temps, monsieur, on n'arrivait pas !...

Charles Bordes, s'il n'avait pas eu la fine élégance de sa naïveté, eût admonesté ainsi les jeunes hommes pressés d'aujourd'hui. Tout bonnement, il s'étonna de les voir tant se démener au service de leur renommée impatiente. Il ne désira pas, lui, d'arriver : il se divertissait trop, sur la route !...

On le lui reprochait doucement; on se désolait de ce qu'il n'eût point assez d'ambition pour achever son opéra, *les Trois Vagues;* quoi donc? lui fallait-il deux mois pour en faire un chef-d'œuvre authentique?... Seulement, Bordes n'avait jamais deux mois consécutifs à sa disposition, pour travailler en égoïste. Il s'y mettait; il prenait la résolution de s'enfermer avec sa besogne... Et, tout à coup, voici qu'un autre soin le requérait. L'occasion se présentait de donner — ah! n'importe où! — une messe de Palestrina, un acte de Lulli, une entrée de ballet de Rameau. Or, il ne pouvait pas faire à la fois tout cela : c'est toujours à lui qu'il renonçait.

Et ce n'était pas qu'il fût découragé de son

œuvre de compositeur. Non, il l'aimait! Je l'ai vu qui entendait chanter ses mélodies adorables, le *Vieil air,* si pimpant et mélancolique, la sublime déploration de *Mes morts tristement nombreux,* l'extraordinaire *Dansons la gigue,* dont le rythme terrible et railleur emporte des tourbillons de souffrance et de chagrin qui fait le fou : il était heureux jusqu'aux larmes et il éprouvait, avec une minutie alarmée, tout le détail des sentiments qu'il avait réalisés sous les espèces magiques des sons. A les reconnaître tels qu'il les avait suscités en imagination, il frémissait.

Il aimait sa musique superbe et gracieuse. Mais il aimait d'autres musiques encore; et même, il les aimait davantage. Ou bien, aimant toutes musiques, la sienne parmi les autres, il ne préférait pas accorder son zèle à celle-là plutôt qu'à celles-ci. Et son abnégation, qui ne lui coûtait pas, fit que presque toute sa vie fut consacrée à la musique des autres.

*
* *

C'était, à une époque telle que la nôtre, sa singularité, cet oubli de lui-même et cette incarnation facile en des œuvres qui n'étaient point la sienne.

A cause de cela, on ressentait à son égard une sorte de déférence étonnée. Il ne ressemblait pas

du tout à ce que le malheur des temps a fait de
l'artiste moderne : il n'avait pas pour lui-même
cette prédilection passionnée qui caractérise nos
contemporains, lesquels, d'habitude, ne se gas-
pillent pas.

Il n'était pas un homme d'à présent. Parmi ses
émules, sans rivaliser avec eux, il paraissait
dépaysé, bizarre. Il aurait été, je crois, plus content aux siècles médiévaux où les artistes ne songeaient seulement point à signer leurs réussites
et se réjouissaient de les avoir accomplies sans
tirer de là ni vanité ni profit.

Et enfin, nous nous le rappellerons comme un
être quasi extravagant de bonté, doux, confiant
et génial, qui répandait avec un abandon suranné
les richesses de son esprit. Un jour, il composa
le sublime et ravissant « Madrigal à la Musique ».
Mais toute sa vie et tous les instants de sa vie
furent un madrigal joli, sincère et pieux à Notre-
Dame la Musique. Il la servit de tout son cœur,
avec une fidélité fervente et qui n'eut jamais de
relâche. Et il reçut, grâce à elle, les célestes présents. La Notre-Dame de Musique, à la dévotion
de qui Charles Bordes vécut avec profusion, lui
accorda, dès ce bas monde, la faveur de vivre
dans un perpétuel divertissement que les sons
savants et mystérieux charmaient.

BJŒRNSTJERNE BJŒRNSON

En France, pour tout dire, on ne le connaissait pas beaucoup. Mais, en Norvège, il avait la renommée d'un véritable poète national. Son œuvre est immense, un peu mêlée, un peu confuse, et toute pleine de belles choses, sans doute mieux intelligibles en Scandinavie que chez nous. Puis, il avait constamment répandu son activité, son éloquence d'apôtre et de publiciste. Son personnage était aussi populaire que ses écrits. Il a été l'émule d'Henrik Ibsen ; et sa gloire fut peut-être plus étendue encore, plus aimée.

On l'a vu plusieurs fois à Paris, avant qu'il n'y revînt pour y mourir.

C'était un grand et beau vieillard, très doux et très bon, mais qui n'avait pas l'air commode ; et il ne l'était pas, en effet : seulement, sa véhémence tournait à une sorte d'évangélisme. Sur son formidable front, des cheveux blancs et drus se hérissaient, comme électrisés par la pensée ardente. Des favoris courts cachaient les oreilles. Derrière les lunettes d'or et, si l'on peut s'exprimer ainsi, protestantes, les yeux brillaient durement sous les touffes des gros sourcils. Mais le caractère de la figure était l'étonnante grimace que faisaient les fortes ailes du nez, la bouche grande et serrée, et deux rides profondes barrant les joues. Un visage énergique, sévère, terrible et auquel le sourire donnait une enfantine bonhomie.

Il était né dans la région froide et farouche des monts Dofrines, à Kvikne, pays étrange et dont il a senti, en même temps que le charme natal, l'étrangeté. Un personnage d'*Au delà des forces* constate l'influence qu'a sur les esprits cette extraordinaire nature. Les paysages n'ont pas les dimensions normales ; tout l'hiver il fait nuit, jour tout l'été. Le soleil, que voilent les brumes de la mer, a souvent l'air trois ou quatre fois plus grand qu'il ne l'est ailleurs. Le ciel, la mer et les rochers ont des couleurs surprenantes qui vont du rouge vif et du jaune éclatant aux nuances les plus douces et les plus délicates du gris et du blanc. Les aurores boréales multiplient leurs fantasmagories ; les lignes principales des sites s'amollissent soudain, changent la forme des objets... Et le héros de Bjœrnson ajoute : « Il est naturel que les conceptions des hommes, en rapport avec cet entourage, soient démesurées. A entendre leurs légendes, leurs contes, il semble qu'on a entassé un pays sur l'autre. Les banquises envoyées par le pôle paraissent des jouets venus en dansant. » Ces quelques lignes pourraient servir d'épigraphe — et d'excuse — à toutes les études que les Latins écrivent au sujet des littératures scandinaves. Pour qui n'est pas le moins du monde né dans les monts Dofrines et pour qui n'a pas vu, tout jeune, la dansante arrivée des banquises, l'œuvre d'un Bjœrnson, avec toutes ses beautés, demeure assez mystérieuse.

*
* *

Il était le fils du pasteur de la paroisse de Kvikne. Il n'a été, lui, le pasteur d'aucune paroisse ; mais, peu à peu, il devint en quelque sorte le prêcheur de toute la Norvège. Journaliste, directeur de théâtre, conteur et auteur dramatique, il a toujours eu le souci des idées morales ; et il ne les aimait pas seulement pour lui, pour son usage, mais il voulait encore les promulguer. Par exemple, il s'était fait une noble doctrine de la pureté spirituelle et physique. Il n'admettait pas que cette pureté fût l'apanage et le devoir des seules femmes : il l'imposait encore aux hommes, et pareillement, avec la même exigence. De là cette comédie dramatique du *Gant* qui a, paraît-il, déterminé en Norvège un « mouvement d'opinion ». Et puis, sous le titre de *Monogamie et polygamie*, il composa une conférence, qu'il récita par tout le royaume.

Tous ses écrits comportent un enseignement.

Il lui est du reste arrivé, dans le cours de sa
longue vie, de changer d'opinion sur divers problèmes. Alors, il enseigna autre chose ; mais il
enseigna toujours. La philosophie de son œuvre
n'a peut être pas beaucoup d'unité ; mais, quoi
qu'il pensât, il le pensait avec la même incessante
énergie.

Quand on y songe, on est émerveillé de voir
qu'il n'y a guère que les littératures latines, dans
l'Europe contemporaine, qui soient véritablement
frivoles. Les littératures germaniques, aussi, mais
moins. Les Scandinaves et les Slaves sont infiniment plus sérieux. Les Tolstoï, les Ibsen et les
Bjœrnson ne sont pas de chez nous. Ils ont une
confiance magnifique dans l'efficacité prédicante
des belles-lettres. C'est leur honneur ; et c'est, en
outre, le signe de leur jeunesse : leurs littératures ne sont pas anciennes. Je crois que nous
avons failli avoir cela aux environs de 1848 ; mais
le zèle dogmatique nous passa bientôt et nous
sommes revenus à notre chère futilité.

D'ailleurs, il n'est pas très facile de résumer la
philosophie morale de Bjœrnson. En tout cas, il
faut distinguer, dans l'histoire de sa pensée, deux
périodes.

Sous l'influence de son éducation, de son enfance toute bercée aux contes d'Asbjœrnsen et
aux pieuses remontrances de son père, le pasteur
du Kvikne, il fut d'abord très religieux, évangé-
lique plutôt, enfin religieux comme on l'est en

pays de sectes nombreuses et fraternelles. Il avait
subi l'influence, alors très vive, de ce Danois,
Gruntvig, chrétien joyeux, ami du peuple, de la
nature, de la Scandinavie et d'un Dieu un peu
vague. En politique, cela faisait du nationalisme
et du libéralisme, du rêve aussi. Le tout, assez
mystique, en somme.

Et puis Bjœrnson lut les Anglais, Darwin, Spencer, Stuart Mill. Ces trois écrivains le menaient
au positivisme. Il y alla.

Il aurait pu lire d'autres Anglais et, par
exemple, les Berkeley, les David Hume : il y eût
pris, peut-être, la contagion d'une métaphysique
idéaliste. Mais non ; et il devint positiviste, à la
suite de ses lectures. On l'est volontiers, dans les
pays de mysticisme, comme si l'on trouvait en
cette calme doctrine le repos dont on a tant
besoin après de telles fatigues spirituelles. Un
voyage en Amérique acheva de convertir Bjœrnson au sentiment du concret.

A partir de ce moment-là, il fut l'apôtre de la
science comme il avait été l'apôtre de la religion.
Un de ses personnages s'écrie : « Ne te moque
pas de la science ; à quoi diable croirions-
nous?... » Évidemment!... Mais il n'y a pas là de
désespoir idéologique ni aucune ironie. Entre ses
deux croyances successives, Bjœrnson n'a pas eu
la plus petite période de mécréance douloureuse
ni de doute amusant. La science s'est, dans son
esprit, tout de suite substituée à la religion. Et,

que ce fût à la religion on à la science, il croyait naturellement. Telle était la générosité de son caractère.

En tête d'*Au delà des forces*, il a écrit ces lignes significatives : « Cette pièce est faite d'après les *Leçons sur le système nerveux* de M. Charcot et les *Études chimiques sur l'hystérie-épilepsie ou grande hystérie* du docteur Richet. » Une pièce de théâtre qui a pris, en de tels ouvrages, sa substance et sa documentation n'est pas un vain amusement d'artiste. Et voilà, certes, de quoi faire rougir nos aimables vaudevillistes, à moins qu'ils ne voient, dans cette œuvre même, tout ce que la science perd de sa valeur et de son intérêt poignant à entrer dans un scénario théâtral. Et le drame n'y gagne pas ce que la science a perdu. Tout compte fait, nos charmants vaudevillistes sont des sages.

*
* *

Sans doute n'a-t-on rien écrit de moins clair, pour le théâtre, qu'*Au delà des forces*. Mais la seconde partie est plus obscure que la première.

Ainsi, le second *Faust* est plus obscur que l'autre ; seulement, n'exagérons rien.

La conclusion de la deuxième partie est tout à fait singulière ; elle est à la fois bizarre et innocente... Je dis que c'est la conclusion... Je le crois; en tout cas, c'est la fin. L'on y voit un jeune homme qui console tout le monde en racontant qu'il a inventé un aéroplane. Cet appareil sera chargé de remédier au « désespoir des masses » : il aura bien à faire; et c'est plus lourd que de porter des voyageurs! N'allons pas plaisanter sur la navigation aérienne; mais enfin, il est difficile de penser que cette ingénieuse application des lois de la physique puisse remédier à toute la douleur morale qu'il y a dans *Au delà des forces*. Cet aéroplane est, je le sais, un symbole de la science. Mais, justement, on se demande si peut-être Bjœrnson ne compte pas un peu trop sur la science, — oui, sur la qualité religieuse de la science.

Disons-le, à tout hasard : il y a, dans cette idéologie nébuleuse, — nébuleuse et qui, à cause de cela, impose, — un peu de puérilité. Du moins, il me semble. Un peu de puérilité, mais tant de mystère que la puérilité de la chose n'est pas tout de suite apparente. C'est de la nuit noire et dans laquelle se meuvent des ombres. La nuit est si noire que les ombres y sont des fantômes assez nets. Des lueurs y passent; des lueurs qui ont la brièveté des « éclairs de chaleur »; des lueurs courtes... Enfin, je ne sais pas comment, c'est assez beau tout de même; et, quelquefois, c'est très beau. C'est angoissant. Il y a là une sorte de grandeur obscure et qui donne à rêver. Nos esprits de Latins sont déconcertés; mais ils ont la manie honnête de comprendre : alors, ils cherchent. L'inquiétude qu'ils éprouvent suscite en eux le pressentiment du sublime. Et ils sont peut-être dupes ; mais ils n'en ont pas l'assurance : et, dans l'incertitude, ils frissonnent.

Ils ont bien raison.

*
* *

Nous sommes à tâtons. Cependant, essayons de deviner un peu précisément cet extraordinaire Bjœrnstjerne Bjœrnson, qui portait avec bonhomie un nom si difficile à prononcer et qui, en son langage si redoutable, n'avait peut-être rien que de très simple à nous dire. Je crois qu'il était optimiste, — et qu'il n'en fallait pas davantage pour le distinguer du grand Ibsen. Je crois qu'il avait une intrépide confiance dans la valeur et dans l'efficacité de ses prêches ; et cela, spontanément, quelle que fût, d'ailleurs, la matière de sa prédication, religieuse ou scientifique. Ibsen était pessimiste : ce qu'il a montré d'émouvant, c'est le duel de l'individu contre les foules. En pareil cas, l'individu est toujours battu ; il n'a pas d'autre refuge, pour sa fierté digne, que son orgueil : et l'orgueil n'est pas gai. Mais Bjœrnson est hardi, abondant, plein d'allégresse. S'il n'était pas né dans la froide solitude des monts Dofrines, on le prendrait pour un Norvégien méridional et, autant dire, pour un Norvégien du sud-ouest.

Cette vivacité de conviction l'a, plus d'une fois, conduit à s'occuper de problèmes qui ne relevaient pas immédiatement du tribunal de sa conscience. Par exemple, il donnait volontiers des conseils aux nations. Il nous en a donné ; et il en a donné au tsar de Russie. Comme il a, toute sa vie, réclamé l'indépendance de la Norvège à l'égard de la Suède, il aurait pu être tenté de respecter aussi l'indépendance des autres pays. Mais son ample générosité naturelle ne le lui permettait pas.

Ce qu'il a fait de plus joli, et de charmant, ce sont des contes villageois, où l'on sent qu'il y a toute l'âme de la Norvège. Paysages très justes, anecdotes modestes et une atmosphère très pittoresque.

Bjœrnstjerne Bjœrnson a été sur le point d'écrire des chefs-d'œuvre de réalité scandinave.

Pourquoi une idéologie extravagante s'est-elle mise dans tout cela, qui serait délicieux?...

Telle qu'elle est, son œuvre a quelque analogie avec le beau, splendide et absurde spectacle que décrit un personnage d'*Au delà des forces*. De folles et merveilleuses colorations se promènent sur le ciel, la mer et les rochers ; le soleil est plus grand que de raison, trois ou quatre fois. Mais il ne fait pas clair. C'est une sorte de durable crépuscule ; ou bien c'est une aurore boréale inopinée. Et il vient du pôle des banquises dansantes !...

CESARE LOMBROSO

Je n'ai vu Cesare Lombroso que peu de mois
avant sa mort. C'était à Stresa, sur la rive du lac
Majeur, pendant un bel été. Sa fille et son gendre
Guglielmo Ferrero l'avaient prié de venir passer
quelques jours auprès d'eux. Il devait rester un
peu ; et puis, subitement, il s'en alla. Il ne pouvait plus tenir en place. Comme il avait, toute sa
vie, ardemment travaillé, il voulait travailler
encore ; il le voulait avec une obstination fébrile.
Et il souffrait amèrement de sentir que, pour la
première fois, le travail ne lui était plus une allégresse.

Mécontent de la difficulté soudaine, il voyagea.
De semaine en semaine, vagabond malade et
illustre, en peine d'écrire, il chercha, au nord de
l'Italie, en Suisse, ailleurs, la tranquillité de sa
pensée, le bon endroit où il se figurait avec passion que s'apaiserait son émoi et que renaîtrait
son génie. Sa prodigieuse activité mentale, son
entrain d'idéologue, sa vive gaieté intellectuelle
qui jusqu'alors avaient si bien résisté à la fatigue
de l'âge, tout cela s'alentissait en lui : alors, il

s'en allait, frémissant et peureux, comme si l'atmosphère était la cause, et comme si d'autres
ciels devaient lui rendre cette alacrité d'âme qui
lui manquait. D'étape en étape, il se découra-
geait davantage. En fin de compte, il résolut de
retourner à Turin, de rentrer tout de même chez
lui. Et c'est là qu'une nuit il est mort, d'une crise
cardiaque.

Il était, le jour que je le vis, un petit vieillard
aimable et courtois qui, pour vous faire honneur,
se dérange de sa tristesse. Il lisait et prenait des
notes. Habillé d'une longue houppelande grise,
la plume à la main, la cravate mince et blanche
selon l'usage ancien des docteurs, il venait à
vous gentiment, avec un sourire cérémonieux.
Le visage était fin, malicieux; la curiosité du
regard et sa mobilité indiquaient l'habitude perpétuelle d'observer, le désir alerte de connaître.
Il se penchait vers vous, très attentif, prêt à noter
en sa mémoire ce qu'on eût dit d'un peu valable.
Et, à tout ce qu'on hasardait, il faisait un gracieux accueil. Sa parole était précise, nette; et
déjà elle commençait d'être éloquente : mais,
comme si une étrange timidité l'eût pris de n'être
plus l'extraordinaire causeur de naguère, il tournait court et son silence était pathétique, tandis
que les yeux étincelaient de continuelle ferveur.

Je croyais le revoir le lendemain. Mais, à
l'aube, il avait décidé que le doux lac Majeur ne
lui valait rien et qu'au bord du lac de Genève il

serait mieux. Terrible odyssée et pèlerinage inutile. Cette tête ne renonça point à son génie facilement; elle ne s'avoua vaincue, en somme, qu'après avoir tout essayé.

*
* *

Il était né à Venise en 1836 et il publia son premier mémoire en 1855. Maintenant qu'il est mort, son effort scientifique a duré cinquante-quatre ans. Il l'interrompit, un bout de temps, en 1859, pendant la guerre d'Italie, pour être médecin de l'armée. Et puis, ayant fait acte de bon citoyen, il se remit à sa besogne, qu'il n'abandonna plus, qu'il n'abandonna jamais et dont, pour mourir, il se détacha plus malaisément que de la vie.

Ses premières études, relatives au crétinisme, lui valurent l'étonnement de Virchow. On le chargea d'un cours, sur les maladies mentales, à l'Université de Pavie. Et puis il dirigea l'hôpital des fous, à Pesaro; ensuite, on lui donna la chaire de psychiatrie à l'Université de Turin. Sa renommée s'étendit bientôt; et il ne cessa point de multiplier l'objet de son expérience, d'élargir sa méthode.

Sa trouvaille fut d'appliquer à la psychologie les procédés de son enquête médicale. La pathologie le menait à conclure nouvellement sur la fragile santé du cerveau.

Je ne vais pas dresser l'inventaire de son
œuvre, qui est immense; je ne souhaite que d'en
marquer le caractère. Et, si je ne me trompe, le
voici. Cesare Lombroso eut toute la minutie qu'impose la stricte méthode expérimentale; en même
temps, il était admirable par sa puissante faculté
inductive. Il ne croyait jamais avoir réuni un
assez grand nombre de faits contrôlés; et les faits
ne lui suffisaient pas, mais il était réclamé par les
idées.

En 1872, il publia son *Anthropométrie de quatre
cents malfaiteurs vénitiens;* la même année, *la
Folie criminelle en Italie.* Et c'est le même
homme qui, ensuite, généralisant les résultats
d'une enquête formidable et délicate, émit,
dans *l'Homme criminel,* les plus vastes hypothèses
qu'autorise la science de la criminalité.

L'analyse expérimentale de la folie l'avait conduit à reconnaître les tares analogues que manifestent le cerveau du dément et celui du criminel. Pour le savant, le crime est un acte
déraisonnable dont il faut expliquer psychologi-
quement les particularités. La notion même du
crime est étrangère aux simples données scientifiques; elle est de nature morale et sociale. Ainsi
la criminalité s'évade hors de la science absolue.
Il y a quelques années, louant devant l'Académie des sciences feu le professeur Brouardel, le
mathématicien Henri Poincaré s'effarait des
problèmes si complexes que pose la médecine

légale... « Nous ne sommes plus, disait-il, dans
le domaine de la science pure, mais en pleine
mêlée. » Il ajoutait qu'alors la plus petite erreur
du savant risquait d' « abaisser l'humanité tout
entière en obscurcissant l'idée de justice »...
Science et réalité, — le contact de cela et de
ceci est redoutable. Cesare Lombroso, fort de la
science, ne craignit point la réalité. C'est ce qu'a
de plus émouvant son œuvre patiente et audacieuse.

D'ailleurs, toute sa longue observation le fit
aboutir à la thèse socratique de la faute qui est
une erreur de l'esprit. Seulement, cette thèse, il
lui donna la valeur d'une doctrine médicale,
quand il sut indiquer avec rigueur les tares orga-
niques qui ont le crime pour conséquence. Des
centaines de cerveaux, de crânes et d'appareils
nerveux qu'il examina lui démontrèrent que les
individus anormaux sont de deux sortes, criminels-nés et criminaloïdes.

Sur les criminels-nés, on ne peut rien. Les criminaloïdes, il faudrait qu'on sût, mieux encore
que les châtier, les guérir. Ainsi s'unissent, dans
une opiniâtre et dangereuse trinité, psychologie,
médecine et sociologie : la psychologie constate ;
la médecine essaye de soigner ; cependant, la
société a ses volontés impérieuses et urgentes.
Pour les criminels-nés, la peine de mort est
bonne ; si elle a quelque utilité, elle n'a guère
d'inconvénient. Pour les criminaloïdes, se pose

l'interminable problème de la responsabilité.
Comme si la question n'était pas encore assez
variée, la philosophie s'en mêle; la métaphysique n'est pas loin.

Ajoutons que l'état du « criminaloïde » ne se
définit pas avec une exactitude catégorique. Il
admet des nuances. Ces nuances le relient, d'une
part, au criminel inguérissable et, de l'autre, à
l'homme normal. En cas de responsabilité nulle,
l'imputabilité suffit; en cas de responsabilité parfaite, les codes ont leurs indiscutables tarifs :
mais la responsabilité diminuée est l'angoisse
d'une société réfléchie.

*
* *

Cesare Lombroso a prétendu déterminer les
tares physiologiques auxquelles les crimes correspondent. Il les a trouvées innombrables, diverses
et si proches les unes des autres qu'après avoir lu
ses livres on garde un sentiment de malaise. Son
œuvre est une sorte d'épopée effrayante de la
maladie criminelle. Cette sombre poésie résulte
de l'abondance des faits et de l'incertitude alar-
mante du rêve qui en sort.

La dernière année de sa vie, comme on avait
procédé, en France, à quelques exécutions capi-
tales, Cesare Lombroso consacra une poignante
page à les commenter : le savant et le philosophe

qui a le plus songé, en savant et en philosophe, à la légitimité et à la valeur efficace de la peine de mort avouait qu'il n'osait plus conclure. Du moins, il aboutissait à une double conclusion. « J'ai ici vraiment une double personnalité », disait-il. Bref, il concluait à la peine de mort inexorable; et il concluait qu'il ne savait plus. On sentait que le souvenir de cerveaux ouverts et qu'il avait tenus dans ses mains le hantait : les uns, cerveaux de brutes abominables dont il faut que la société se débarrasse; les autres, cerveaux qu'il aurait peut-être fallu soigner, les pauvres malades !

Rêveries pathétiques, belles et redoutables ! En attendant que les physiologistes et les moralistes aient achevé leur auguste besogne, la société a le droit et le devoir de vivre. Il est possible qu'un jour les études commencées par un Cesare Lombroso et continuées par d'autres hommes de science résolvent la question du crime et du châtiment; ce n'est, d'ailleurs, que possible.

Alors, pendant que travailleront, méditeront et douteront encore les Lombroso, que fera la société?

Nous avons aujourd'hui des penseurs, — c'est le nom qu'ils revendiquent, — des penseurs un peu niais, qui sacrifient gaillardement la société à des doctrines incomplètes. En attendant que les Lombroso aient conclu, nos penseurs se dépêchent de refuser à la société le droit de tuer. Cependant, les crimes se multiplient et la sauvagerie fait rage.

Notons que, malgré le souvenir angoissant des cerveaux qu'il avait examinés, taillés, analysés, Cesare Lombroso n'était pas, en principe, l'ennemi de la peine de mort.

On veut absolument poser la question de responsabilité. Elle est magnifique, en effet, et bien digne d'occuper nos penseurs, après qu'elle en a tourmenté d'autres, et de plus sérieux. Elle est magnifique et, probablement, insoluble.

De sorte que la société, qui a le droit et le devoir de vivre, et tout de suite, pourrait à la rigueur la négliger et en poser une autre, qui est plus simple et qui est une question de fait, la question de l'imputabilité. Même si tel individu n'est pas, philosophiquement, responsable de tel méfait, considérons tel méfait comme imputable à tel individu. Or, si ce méfait et les méfaits de ce genre mettent en péril la société, celle-ci est, à l'égard de cet individu, en état de légitime défense. Elle impute à cet individu ce méfait : cela suffit pour qu'elle se débarrasse du gaillard.

Les idées des savants gouvernent le monde. Mais ce n'est pas un gouvernement direct. Il y a un intermédiaire : les imbéciles, ceux-là précisément qui revendiquent le nom de penseurs. Les idées des savants n'arrivent au monde que transformées par le soin détestable de ces ministres. Et, à vrai dire, ce ne sont pas les idées des

savants qui gouvernent le monde, mais, plus
exactement, les contresens que les imbéciles ont
faits sur les idées des savants. Et ainsi nos plus
mols penseurs se réclament de Lombroso pour
engager la société contemporaine dans une aventure de suicide absurde.

*
* *

C'est une philosophie matérialiste qu'illustrent
les œuvres de Lombroso. Son étude de l'âme demandait à la physiologie ses motifs, ses causes,
ses arguments. Il consacra sa patience de savant
à chercher les concomitances physiologiques des
faits psychologiques, comme s'il était avéré que
ces derniers fussent d'origine matérielle. Or, la
difficulté est là; mais il l'a laissée aux métaphysiciens. Ceux-ci décideront si la pensée est produite par le cerveau ou si le cerveau n'est qu'une
idée de l'âme.

En hâte, certains spiritualistes se fâchèrent. Et
je me souviens de Tolstoï à qui on offrait de connaître Cesare Lombroso... « Jamais de la vie!
répondit-il avec mauvaise humeur; pour qu'il me
classe parmi les microcéphales!... »

Mais on ne peut tout de même appeler matérialiste un savant qui, de la pathologie physiolo-
gique, s'est élevé jusqu'aux idées les plus hautes
et abstraites du devoir individuel, du devoir

social et de la responsabilité. Il a conclu prati-
quement, dans la mesure où les réalités scientifiques l'y conviaient ; et, après un demi-siècle de
travail incessant, il a réservé pour une suprème
incertitude la part indéfinie de la métaphysique.

*
* *

Maintenant il est mort. Il a enfin trouvé la
paix et le calme qu'il désirait et quêtait, durant
son dernier été, si frénétiquement.

Ce fut un homme étonnant, et qui jamais ne
crut avoir assez bien établi les faits, et qui voulut
sans cesse marier aux faits les idées. Il a dépensé
à cette tâche presque paradoxale une extraordinaire puissance dialectique, un zèle adroit. Et il
souriait ; il était charmant, amusant et bon. Il
semblait un patriarche de la science, l'héritier
des héros spirituels que posséda l'Italie de la
Renaissance et dont elle a légué le génie, dans le
cours des âges, à quelques échantillons privilé-
giés de l'âme latine. Et puis, il était doux, affable
et sensible. Mais, à présent, le lourd et fin cerveau de Cesare Lombroso se repose.

JEAN MORÉAS

Jean Papadiamantopoulos, « que la noble Athène a nourri », les muses de l'Hymette nous l'avaient envoyé, pour qu'il secondât l'effort des muses françaises, au temps où furent un peu fatigués les poètes de notre Parnasse.

Il était de bonne maison grecque, fils de Diamant Papadiamantopoulos, magistrat et ami des lettres, volontiers poète et qui, peu de mois avant de mourir à quatre-vingt-quatorze ans, récitait encore des poèmes entiers de Gœthe; petit-fils de ce Papadiamantopoulos, primat de Patras, qui alla s'enfermer à Missolonghi et mourut noblement; arrière-petit-fils, par sa mère, de l'amiral Tombazis, l'un de ceux à qui les Grecs d'aujourd'hui rendent cet hommage : — « Sans eux, nous servirions encore le Turc! »

Mais, à l'époque où Jean Papadiamantopoulos était un adolescent d'Athènes, il n'y avait point à se signaler comme un héros. Jean Papadiamantopoulos fut élégant et cultiva les belles-lettres. A dix-huit ans, sa fine taille serrée dans une parfaite redingote, une large rose rouge à la boutonnière, il émerveillait ses compagnons d'âge. On admirait la pâleur quasi lunaire de son visage, ses yeux très noirs et pleins de rêve et son air, en somme, byronien.

Il était déjà poète, en français et en grec. Sous la signature de Néanthos, l'*Almanach des familles* publia l'une de ses œuvres, « la Fille du Nord » ; et il paraît que cette fille du Nord était, dans la réalité quotidienne, une chanteuse allemande. Puis d'autres almanachs publièrent d'autres poèmes, qui déploraient la décadence de Bologne et qui chantaient, de façon lamartinienne et imprudente, le cimetière de Gênes. En outre, Jean Papadiamantopoulos traduisait, avec une prédilection singulière, des « scènes mexicaines » de Lucien Biard, de l'Hégésippe Moreau, de l'Arsène Houssaye, et voire « le Bon Dieu » de notre Béranger. Il éditait de petites revues, qui ne duraient pas longtemps.

La France l'attirait. Quand il eut seize ans, son père l'envoya passer le temps d'une convalescence à Patras. Il se fit avancer, par l'intendant de la propriété familiale, un millier de francs et, en tapinois, partit pour Paris. On dut le rappeler ; et ce ne fut point commode.

*
* *

A Paris, où il devint tout de go Jean Moréas, ses débuts datent de 1884. Les *Syrtes* parurent alors et, bientôt, les *Cantilènes*. Ces petits volumes firent du bruit et même causèrent du scandale, parce que divers critiques ne les trouvèrent pas clairs à leur gré. Il ne l'étaient pas extrêmement ; ils l'étaient plus et mieux que ces messieurs ne le pensèrent. Alors, Jean Moréas publia, dans le *Figaro,* son manifeste. Ce fut le manifeste du symbolisme.

L'on n'est pas encore tout à fait revenu de l'étonnement, et même de l'irritation que suscita cette nouveauté littéraire. C'est un peu la faute des symbolistes. Ils commirent plus d'une erreur, dont la plus onéreuse fut de compter, parmi leurs camarades, quelques mystificateurs et des sots. Les meilleurs même agissaient avec impertinence et — fierté d'artistes excellents — s'amusaient de mettre dans l'embarras l'intelligence des multitudes. Mais leur principe était irréprochable : si l'on y songe, il n'est d'art véritable que symbolique, et l'art est déjà un symbole. En outre, ces poètes protestaient contre la médiocre littérature d'alors, laquelle était aux mains populacières des réalistes et aux mains débiles des parnassiens. La poésie parnassienne se mourait d'une sorte de lente consomption ; le réalisme prenait tout, et avec quelle vulgarité!... Les symbolistes survinrent, préconisèrent et parfois réalisèrent un art plus profond, plus délicat et mieux conscient des authentiques devoirs de l'art.

Moréas, dans son manifeste, réclama pour la
poésie l'expression des pures idées, et cette
expression par le seul artifice possible, qui est
l'image ou, en d'autres termes, le symbole.
Pour passer à l'état littéraire, il faut que l'idée
s'habille; et, son vêtement, c'est le symbole.
Positivistes les uns et les autres, réalistes et parnassiens ne faisaient que décrire la réalité matérielle ou psychologique; et ils n'avaient qu'à la
copier, directement, comme procède avec ses
couleurs un peintre qui ne veut que reproduire
le spectacle de la nature. Les poètes nouveaux,
désireux d'évoquer les concepts, devaient recourir à d'autres prestiges. Ce fut la difficulté, ce fut
aussi la glorieuse ambition de leur entreprise.

Ils brisèrent l'ancienne métrique et, avec les
sons et les rythmes qu'ils inventaient, ils cher-
chèrent une musique imprévue, toute fraîche,
encore expressive.

Quant à la langue, Moréas voulait qu'on l'enri-
chît; et voici ce qu'il demandait : « La bonne et
luxuriante et fringante langue française d'avant
les Vaugelas et les Boileau-Despréaux, la langue
de François Rabelais et de Philippe de Commines,
de Villon, de Rutebeuf et de tant d'autres écrivains libres et dardant le terme acut du langage,
tels des toxotes de Thrace leurs flèches si-
nueuses. »

Évidemment!... Mais ce fut aussi le péril; et
qu'arrive-t-il, mon Dieu, quand on laisse les écri-

vains maîtres du vocabulaire, quand on les engage à multiplier les mots?... Ils n'y sont que trop portés. Et, la langue des symbolistes, — hélas!... Lui, Moréas, avait, pour éviter les trop folles folies, sont goût délicat. Mais d'autres!...

Moréas s'en aperçut. Et, en 1889, formulant à nouveau ses théories, avec la même ardeur que naguère, il ajoute pourtant ce conseil effaré : « Répudions seulement l'Inintelligible, ce charlatan!... »

Il y a, dans les *Cantilènes* et dans les *Syrtes*, de ravissants poèmes; et qui ne se rappelle, au moins, l'un d'eux, où passent, parmi des senteurs d'orange, des pèlerins à froc blond, des dames en robes de brocatelle, qu'on reconnaît, à leurs gestes dolents et jolis, pour de défuntes années et des rêves d'autrefois?

A cette époque où préludait le symbolisme, Jean Moréas était, au quartier Latin, un beau garçon de trente ans, noir et moustachu, portant sous un épais sourcil le monocle, s'habillant bien, coiffé du chapeau de soie et parlant haut, avec un accent de là-bas, qui scandait les mots, martelait hardiment les syllabes et, dans les cafés de la rive gauche, donnait de l'autorité à de vives, rudes, très éloquentes et orgueilleuses professions de foi.

On le rencontrait, et Verlaine, celui-ci beaucoup plus âgé, mal vêtu, en outre, bohème imperturbable, qui, pour le visage, ressemblait à Socrate

et, pour le reste, à Diogène. En tel contraste, il
furent, Verlaine et Moréas, les maîtres d'une
ardente et incertaine jeunesse, éperdue au milieu
de doctrines calamiteuses, et qui cherchait une
esthétique.

*
* *

Moréas ne resta pas symboliste très longtemps,
et, à vrai dire, il le fut dans ses manifestes plus
que dans ses poèmes. Son œuvre n'abonde pas
en idées pures parées d'images. Je crois aussi
qu'il fut choqué de l'usage que ses disciples, im-
prudents, firent du symbole.

Bref, en 1891, publiant le *Pèlerin passionné*,
il désavouait les *Cantilènes;* et il déclarait mort
le symbolisme, « école poétique éphémère et qui
fut légitime », il préconisait « ce renouement de
la tradition, qui est le but de l'École romane ».

Il abandonne le symbole et il s'attache désormais à la réforme de la langue ; il mérite le nom
de « poète grammairien », que Maurice Barrès
lui décerne.

Son projet, le voici. Les derniers classiques
avaient anémié le vocabulaire. Les romantiques
l'enrichirent, mais d'une façon bien hasardeuse ;
ils manquèrent d'une connaissance approfondie
des traditions de la langue. Il faut faire ce qu'ils
n'ont pas fait; il faut mettre la langue française

en pleine possession de ses propres richesses, qu'elle néglige.

Cela est à noter, comme le caractère et comme l'originalité intéressante du vœu qu'énonça et pour lequel travaillait assidûment Jean Moréas. Tandis qu'autour de lui les poètes inventaient des mots, tandis qu'ils se laissaient aller à cette déplorable initiative et oubliaient qu'un mot tout neuf ne vaut rien, lui ne voulait augmenter le vocabulaire actuel que des ressources du vocabulaire ancien ; et les autres furent des révolutionnaires : lui, recourait à la tradition et, avec ferveur, la sauvegardait.

Il étudia l'ancien français. Dans la tumultueuse *Revue indépendante,* il publia une très fine adaptation d'*Aucassin et Nicolette.* Plus tard, il traduisit, avec un délicieux talent d'érudit, l'*Histoire de Jean de Paris, roi de France.* Parmi les romanistes, il mérita l'estime difficile du maître incomparable Gaston Paris.

A notre littérature du moyen âge et de la renaissance, il emprunta — des légendes, oui, — mais surtout des mots et des tours de phrases. Et il écrivit : « Ce sont les grâces et mignardises de cet âge verdissant, lesquelles, rehaussées de la vigueur syntaxique du seizième siècle, nous constitueront, par l'ordre et la liaison inéluctable des choses, une langue digne de vêtir les plus nobles chimères de la pensée créatrice. » Tel fut le programme savant et industrieux de l'École romane.

Moréas fut sensible savamment au subtil génie
de Thibaut de Champagne, « le grand Thibaut,
mon maître » ; et bientôt il devint, par la grâce
un peu maniérée, l'insigne habileté, le frère de
ces poètes, « honneur de la docte Provence, Jau-
fred que fine amour a point, et ce Guillaume
Cabesteint qui aima Sorismonde ». Surtout, il
s'apparente à Ronsard et à du Bellay. Son allégresse de promoteur enthousiaste et de rénova-
teur rappelle celle qu'il y a dans la *Défense et
illustration de la langue française*. Comme du
Bellay ses troupes, il encourage les siennes. Sur
un ton martial, il anime ses lieutenants, Du
Plessys, La Tailhède, rimeurs illustres. A Du
Plessys, il indique les ennemis qu'il faut combattre, ces pédants qui vantent « la Minerve
tudesque et l'Anglais de gravité l'hoir ». Mais Du
Plessys, habile à mener les muses grecques vers
les rives de la Seine et du Loir, au son de ses
romanes chansons, ne craindra pas ces hostilités
vaines et « saura mourir ainsi qu'il sait vivre ».
A La Tailhède, il ne dissimule pas qu'il sied de
lutter contre « le rustre, l'immonde ignorant ».
Ils ne transigeront pas ; et ils continueront à cul-
tiver, en dépit des uns et des autres, cet art qui
est si bien appris

A couvrir de beauté la misère du monde!...

Et Jean Moréas écrivit son chef-d'œuvre, ce
petit poème qu'il a décerné à l'exquise *Ériphyle,*

infortunée et menue créature qu'Énée rencontre
aux enfers, non loin de Phèdre et de Procris.
Pour une parure qu'on lui proposait, elle céda
aux instances du jeune Polynice et elle dévoila,
étourdiment, la cachette où Amphiaraüs, son
mari, se dissimulait. Celui-ci dut aller combattre
devant Thèbes ; et il fut tué. Le fils d'Amphiaraüs, pour venger son père, tua Ériphyle... Ce
fantôme passe dans l'œuvre du « Mantouan
fameux ». Il est, dans le poème de Moréas, délicieux, chargé de son antique tristesse et de sa
grâce inaltérable.

> Essence pareille au vent léger,
> J'erre
> Depuis que la vie a quitté
> Mon corps.
> Mais, les souillures et les maux du corps,
> La mort ne les efface.

Et elle se remémore son aventure. Ah ! ce
n'est pas la ceinture dorée, qui l'a vaincue, mais
Cypris. Et son époux, fils d'Oïclée, sans doute
fut un héros...

> Mais sa barbe était, à son menton,
> Chenue et dure.
> Et l'autre, quand il vint, il était
> Dans sa jeunesse tendre !
> O jeunesse, tes bras
> Sont comme lierre autour des chênes !

Avec un enfantillage émouvant, elle narre son
amour ancien, la petite amoureuse défunte, dont

frémit encore l'ombre au rappel des ivresses passées. De quelle pitié grave et charmée l'accompagne, à travers les ombrages souterrains, le poète qui, se faisant, après Virgile et Dante, évocateur des mânes, se trouble à la vue de cette petite Ériphyle et de ses compagnes « qui sont mortes d'aimer » ! Il s'est inspiré de Virgile et de Dante ; mais, moins austère que ses maîtres, plus compatissant, il laisse au puéril fantôme sa coquetterie et sa légèreté. Et le poème est admirable, à cause de la majesté de la mort, qui se joint à cette grâce fragile.

Ainsi triompha merveilleusement l'art excellent de l'École romane.

*
* *

Puis, encore une fois, Jean Moréas changea d'esthétique. Comme il avait abandonné l'inquiétant symbolisme pour une poésie qui recourait aux origines de notre littérature, il abandonna l'École romane, il abandonna Thibaut de Champagne et du Bellay pour une poésie qui délibérément se fait la contemporaine d'Henri IV. Il devint classique ou, mieux, préclassique. Et le poète, le grand poète des *Stances,* est docile aux disciplines de Malherbe.

Il renonce au vers libre et aux capricieuses combinaisons rythmiques. Alexandrins, décasyllabes et octosyllabes; strophes très simples : presque toujours quatre vers, deux couples d'un alexandrin et d'un vers plus court, — voilà toute sa prosodie, maintenant. La césure est à sa place; elle se fait sentir avec justesse, mais sans excès, n'étant ni brusque ni faible. Chaque vers constitue un ensemble, pour le sens et pour l'harmonie, et, avec les autres, compose l'unité de la strophe. La rime est correcte, sans pauvreté non plus que sans excessive richesse : elle est munie de la consonne d'appui, dans les polysyllabes; la masculine alterne avec la féminine régulièrement.

Ainsi, ce grand réformateur de jadis a renoncé aux « nouvelletés » qui le divertissaient; il a renoncé même aux libertés de la verdissante renaissance, aux dérivations grecques et latines, à la recherche d'un ample vocabulaire. Il est classique.

Eh! bien, il a lui-même signalé les divers changements de son esthétique en ce quatrain des *Stances* :

> Tantôt semblable à l'onde et tantôt monstre ou tel
> L'infatigable feu, ce vieux pasteur étrange
> (Ainsi que nous l'apprend un ouvrage immortel)
> Se muait. Comme lui, plus qu'à mon tour, je change

En fait, ses changements ne sont pas une simple fantaisie, un jeu; mais il suivait spontanément une sorte d'impérieuse logique, celle qui mène à la tradition négligée et splendide un sin-

cère et un véritable novateur. Si, au temps de
l'École romane, nous le voyons chercher curieu-
sement la tradition la plus ancienne, un peu plus
tard, poète des *Stances,* il va, en pleine conscience
de ses volontés, à la tradition la plus complète,
disons encore la plus parfaite. Le chemin qu'il a
fait est le meilleur et le plus intelligent.

On lui objectera que, de cette manière, il n'est
pas beaucoup de son époque. Certes!... Mais
aussi, la poésie n'était pas de son époque : et il
l'a senti de telle sorte que, dans toute son œuvre,
on n'aperçoit aucun effort d'actualité. Son œuvre
est, bel et bien, réactionnaire, puisqu'il l'a dédiée
et consacrée à la tradition française, en des jours
ou l'on méconnut, et voire détesta, cette tradition de nos lettres nationales.

C'est un grand exemple et c'est une leçon profitable que vint nous donner ce nourrisson des
muses helléniques. Il ne la donna pas tout de go
et il ne réalisa pas tout de suite son idéal. Nous
avons assisté à ses tentatives; elles sont édifiantes :
ses étapes sont justement celles par où passeront
les plus loyaux et purs artistes d'un siècle qui
n'est par celui de l'art le plus sain, le plus beau ni
le plus fier, d'un siècle qui n'est pas celui de l'art.

Les *Stances* sont graves et mélancoliques, hautaines, charmantes et comme voilées de deuil.
Elles font une ample, solennelle et forte musique,
pareille à celle du plain-chant, dépourvue des
fades gentillesses auxquelles nos contemporains

ont l'air de s'amuser davantage. Elles sont une
plainte digne des muses qui ne sont plus jeunes,
muses savantes, qui se réfugient dans leurs bosquets d'autrefois, loin des foules frivoles, et qui,
sages, ayant à leur dam compris la vanité de
chercher du nouveau parmi le tumulte des barbares, chantent selon le mode éprouvé, sur les
lyres anciennes, le grand et l'immortel chagrin
de leur exil.

*
* *

Dans une lumière de printemps et telle qu'il
n'y en a pas de plus jolie et claire aux bords heureux de l'Ilissos ou du Céphise, Jean Moréas fut
conduit au cimetière. Ses amis et la troupe nombreuse de ses admirateurs allèrent le chercher à
Saint-Mandé, dans la maison de santé où il est
mort après des jours d'étrange et fière sérénité.
Dans le jardin tout plein de soleil, en l'attendant,
ses intimes racontaient comment, deux semaines
durant, près de succomber, il s'entretenait avec
eux, doucement, de sa perpétuelle et inlassable
passion, la littérature. Il ne songeait qu'à elle,
récitait des poèmes de Ronsard, de Malherbe et
de lui ; et il semblait un sage de la Grèce ancienne
qui, sans résister contre le destin, ne rêve plus
que d'embellir aussi les heures funèbres et de les
enchanter.

Au cimetière, une fumée, soudain, s'éleva. Et nous nous récitions à nous-même les stances :

Compagne de l'éther, indolente fumée,
    Je te ressemble un peu :
Ta vie est d'un instant, la mienne est consumée,
    Mais nous sortons du feu.
L'homme, pour subsister, en recueillant la cendre,
    Qu'il use ses genoux !
Sans plus nous soucier et sans jamais descendre,
    Évanouissons-nous !

La légère fumée se dissipa dans la clarté d'un soleil digne de l'Attique lumineux.

ALBERT VANDAL

Son corps léger n'était animé que de la flamme
spirituelle. Il réalisait ce miracle fragile d'une
âme ardente qui se manifeste sous une débile
apparence. Il était, ainsi qu'on l'a dit de Joubert,
une âme qui a trouvé un corps et qui s'en arrange
comme elle peut.

Si haut, si mince, et vif, et preste, avec sa
jolie allure, sa grâce délicate, il avait quelque
chose de volontaire et de rapide. Les gestes
accompagnaient sa parole ; et, souvent, ils étaient
un peu en retard sur elle, parce que la pensée
frémissante courait et que les muscles chétifs
n'arrivaient point à la suivre. On sentait, à ce
dédoublement de sa personne physique et morale,
combien était grand et beau l'effort de l'âme,
énergique sa domination, paradoxale sa victoire.

Il était très éloquent. Plus robuste, il devenait
un orateur superbe. Il fut un orateur pathétique,
un improvisateur ingénieux, qui trouvait de sai-
sissantes formules et leur donnait l'accent de
l'évidente vérité.

Son visage, maigre, émacié, souriait volontiers. Mais il était habituellement voilé d'une mélancolie que la gaieté de la causerie démentait. Et la mélancolie devait être, en lui, plus profonde qu'il ne l'avouait : on croit, maintenant, le deviner avec tristesse et l'on se prend à aimer, plus encore qu'on ne faisait, les précieuses minutes de son allégresse, qui était le triomphe de sa claire, de son héroïque spiritualité.

Ce fut son élégance, de vivre avec une fougue, un entrain merveilleux, sans permettre aux idées mornes de l'accabler.

*
* *

Il a solidement construit son œuvre, avec de bons matériaux et avec l'art d'un grand architecte. Le travail en est délicat et puissant. Les lignes sont belles. Le monument a l'unité des édifices parfaits qu'ont dressés les nobles époques. Il se développe sur une ample surface; une idée le compose.

Les Voyages du marquis de Nointel, Une ambassade française en Orient sous Louis XV, Louis XV et Élisabeth de Russie, Napoléon et Alexandre Ier, autant d'épisodes de ce fait historique si important et riche de durables conséquences : le contact politique de la France et de l'Orient.

Il a toujours fallu que la France, menacée par la maison d'Autriche, par l'Allemagne et enfin par les diverses coalitions de l'Europe centrale, cherchât des alliances à l'est. Le plus beau royaume du monde avait à se méfier des jalousies qu'il excitait ; parmi ses voisins, il ne trouvait pas une aide, mais une hostilité envieuse. Nos rois et leurs ministres inventèrent le seul stratagème possible et ils y recoururent de la façon la plus persistante : ce fut d'obtenir, à l'orient de nos rivaux, une diversion perpétuelle. Cette volonté gouverne, depuis des siècles, la diplomatie française. Ses meilleurs efforts dérivent de là ; et c'est ce qu'Albert Vandal a montré avec une clarté admirable.

Comme François Ier, Louis XIV rechercha l'appui de la Turquie contre le Saint-Empire romain. Les Ottomans l'aidèrent à soutenir le choc de deux coalitions : ils se portèrent sur les derrières de l'Autriche, ravagèrent ses provinces et, même vaincus, tourmentèrent nos ennemis, divisèrent leur énergie efficace.

A la fin du grand règne, la Turquie entrait en décadence. Mais alors, la Russie se fortifiait : elle devait bientôt nous tenir lieu de Turquie.

Le gouvernement de Louis XIV ne s'en aperçut pas tout de suite. Il hésita, dans une alternative pressante, et ne sut pas si, avec la Suède, la Pologne et la Turquie, il ne s'opposerait pas au progrès de la puissance moscovite, ou bien s'il accepterait le progrès de cette puissance, le favoriserait et alors l'utiliserait. Pierre le Grand avait

été animé, dit Saint-Simon, « d'une passion
extrême de s'unir à nous » . La France tergiversa.
La veuve du tsar, Catherine Ire, déçue par nous,
se rapprocha de l'Empire germanique. Mais sa
fille, Élisabeth Pétrovna, revint au projet de
Pierre le Grand. Elle y revint par le sentiment.
Elle s'était éprise de Louis XV, sans le connaître,
docile au prestige qu'avait, même de loin, ce
type achevé de la beauté royale, grandeur et
grâce, calme et majesté, le Bien-Aimé encore
jeune. Elle était belle, de vive imagination, de
cœur prompt. Peu s'en fallut que cette romanesque aventure n'accomplît, pour le bien des
deux nations, l'alliance de la Russie et de la
France. Mais Louis XV découragea la bonne
volonté d'Élisabeth.

Après la mort de cette princesse et du Bien-
Aimé, Vergennes en 1783 méditait une interven-
tion de la France et de l'Angleterre pour soutenir la Turquie contre Catherine II. Mais ensuite,
à la veille des États généraux, Louis XVI enta-
mait avec la tsarine des négociations tendant à
une alliance. La révolution de 1789 bouleversa,
ainsi que tout le reste, ce travail diplomatique.
Pareillement, la révolution de 1830 rompit l'accord que concluaient Charles X et le tsar Nicolas.

Entre ces deux révolutions, se place le règne
de l'Empereur. La question russe domine l'histoire européenne, de 1807 à 1812, de Tilsitt à
Moscou. « Si l'accord essayé à Tilsitt, écrit Albert

Vandal, se fût consolidé et perpétué, il est probable que l'Angleterre eût succombé, que la France et l'Europe se fussent assises dans une forme nouvelle ; la rupture avec la Russie ranima la coalition expirante, entraîna Napoléon à de mortelles entreprises et le perdit. »

Sous le second Empire, l'amitié des deux pays, orageuse d'abord, s'installa ; et elle ne fut que plus solide, pour avoir tout de suite bien résisté.

La première difficulté se manifesta dès la première année du règne. Souverain plébiscitaire, Napoléon III serait-il reconnu par les cours de tradition ? Nicolas Ier refusa de lui écrire « Monsieur mon frère » ; et, à cette formule qui marque l'ancienne et quasi familiale union des rois séculaires, il substitua « Sire et bon ami ». C'était une petite impertinence ou, du moins, une remarque un peu vive. Napoléon n'aima point cela ; l'opinion s'émut, l'on parla de guerre. Mais, quand Napoléon reçut, de l'ambassadeur Kisselev, cette missive qui refusait d'être plus fraternelle, il fit bonne figure et maligne. Il dit : « Ses frères, on les subit, tandis qu'on choisit ses amis. » Et Kisselev, s'en retournant, annonça : « Décidément, c'est quelqu'un !... »

Puis arriva la guerre de Crimée. On l'a reprochée à l'Empereur. Albert Vandal, pour le venger des critiques injustes, a trouvé cette belle phrase : « Elle a rompu le deuil de nos drapeaux. » C'est une guerre qu'ont ennoblie de splendides faits d'armes; elle nous a valu de la gloire : aimons-la, soigneusement. Et puis, elle a, parmi toute les guerres, un caractère singulier, presque drôle. Au lieu d'organiser entre la France et la Russie une rancune, elle les rapprocha, elle les anima de cordialité véritable. C'est la guerre de Crimée qui a été, pour les Français et les Russes, l'occasion paradoxale, périlleuse et très bonne, de faire connaissance et enfin de se lier.

Ensuite, l'ambassade de Morny à Saint-Pétersbourg eut le meilleur succès. Morny plut infiniment; on aima son esprit, sa grâce et le luxe élégant avec lequel il vivait. Il fut, parmi les diplomates, celui que le tsar appréciait le plus et il doit être signalé comme l'un des Français qui portèrent en Russie une aimable image de la France.

Cependant, la question polonaise fut, entre la politique française et la politique russe, un vif empêchement. Napoléon III, fidèle au principe des nationalités, était favorable à la Pologne; et, cela, c'était un point sur lequel la Russie n'admettait pas la controverse.

Ainsi allèrent, jusqu'à la fin de l'Empire, les relations de la France et du pays des tsars, — relations excellentes pendant la guerre et difficiles pendant la paix.

Et puis, tout s'arrangea, le mieux du monde. Cette aventure, Albert Vandal la compare à celle d'un fil d'or qui circule dans le tissu d'une étoffe grossière : le fil se cache, reparaît et disparaît bientôt. Enfin, dégagé, ce fil d'or a cousu l'alliance définitive des deux pays qui ne s'accordent que mieux pour avoir mis un peu de temps à se connaître.

*
* *

On le voit, l'alliance russe n'est pas une tradition continue de notre politique. Mais elle en est la nécessité. Cette nécessité, nos gouvernements l'ont sentie et l'ont éprouvée à maintes reprises. En y cédant, ils ont agi selon les intérêts profonds de ce pays ; et, autrement, ils ont commis des fautes dont les effets se révélèrent assez vite et, aujourd'hui encore, n'ont pas fini de nuire.

Aussi Albert Vandal a-t-il préconisé, prophétisé l'alliance actuelle. Puis il l'a saluée comme la condition même de l'équilibre en Europe. Il en a indiqué la grandeur. Il a indiqué aussi les limites de son efficacité, de telle sorte que personne n'eût, ici ou là-bas, à se croire dupe. Conservatrice et défensive, l'alliance orientale refrène les ambitions perturbatrices ; elle assure la pondération des forces ; elle maintient : mais elle maintient tout, et jusqu'aux injustices du passé, pour en prévenir de plus graves.

*
* *

Tel est, en résumé, l'ample et lucide regard que Vandal a jeté sur l'histoire d'Europe, en choisissant pour son point de vue la France. Et de ce résumé, même si bref, dérive une philosophie de l'histoire ; il est facile d'en dégager les grandes lignes et les principaux caractères.

Premièrement, Albert Vandal croit à l'enchaînement des heures historiques, à l'évolution des phénomènes sociaux et aux nécessités de l'histoire. La diplomatie de la plus forte nation n'est pas libre. Un problème se pose à elle ; et elle n'a point à choisir la solution qui lui agrée le mieux : la solution dépend de la donnée du problème. Au temps de Louis XIV, quand la suprématie française rayonnait, il fallait aller à la Russie ; au temps de Napoléon, quand la volonté française, magnifique, semblait souveraine maîtresse et facilement capricieuse, il fallait encore aller à la Russie. Cette nécessité impérieuse dépendait de l'état des choses, auquel le conquérant lui-même ne peut rien. Et Vandal eût, je crois, appliqué aux réalités politiques cette formule scientifique de Bacon de Vérulam : on ne commande à la nature qu'en lui obéissant.

Mais il n'aboutit pas au déterminisme pur et simple. Son histoire n'est pas le récit d'une fatalité méticuleuse dont il n'y aurait qu'à signaler la déduction logique. Il croit aux accidents qui interviennent dans les séries normales, accidents heureux ou désastreux ; et, par exemple, il constate l'inexplicable prodige du génie. S'il montre comment se développent les lois de l'histoire, il laisse aussi intervenir la déconcertante nouveauté de l'imprévu. Il faut bien qu'un historien de Napoléon tienne compte de la surprise que cet homme a été, dans le cours des siècles.

A la veille du 18 brumaire, Siéyès et le Conseil des Anciens songeaient à Joubert ; mais Joubert livra la bataille de Novi, la perdit et fut tué. Ils songèrent aussi à Moreau ; mais, alors, Bonaparte débarquait à Saint-Raphaël. Moreau dit à Siéyès :

— Voilà votre homme !... Il fera bien mieux que moi !...

C'est ainsi que Bonaparte fut chargé de faire le coup d'État. Que serait-il arrivé, si Joubert n'avait pas livré la bataille de Novi? ou bien si Moreau avait eu le loisir d'agir avant le débarquement de Saint-Raphaël?... On peut rêver là-dessus.

Bonaparte fut accueilli avec enthousiasme par des gens qui comptaient sur lui pour pacifier le pays et le monde. On lui offrit un banquet à Saint-Sulpice ; on cria, de grand cœur : La paix ! la paix !...

Et les destins tournèrent autrement.

Quand il arriva chez les Cinq-Cents, Bonaparte

reçut force horions, même, il faillit se trouver mal. On criait : « Hors la loi!... » L'épée au poing, il sortit, criant, lui : « Aux armes!... »

Comme la garde semblait indécise, il demanda :

— Soldats, abandonnerez-vous votre général?...

Et il y eut quelques : « Non, non!... » Quelques-uns seulement. Alors, sur un avis qu'on lui donna, Bonaparte changea les mots de sa question :

— Soldats, suivrez-vous votre général?...

Les « oui, oui!... » furent unanimes.

Ces journées abondèrent en malentendus et en petites aventures que rien n'aidait à deviner. Ni le 18 ni le 19 brumaire, la suite de l'histoire n'était évidente ni clairement probable. Le hasard, durant ces formidables heures qui déterminaient obscurément tout l'avenir, le hasard triompha; ses caprices jouent parmi les détails du drame auguste et bizarre. Le hasard, ou bien l'apparence du hasard; ici, les métaphysiciens peuvent épiloguer. Mais le récit d'un historien donne un bon signe de réalité, quand il n'omet pas le hasard et ne se contente pas d'un arrangement déductif. L'histoire obéit peut-être à des lois; mais sa vérité profonde est complexe, nombreuse et variée, comme un produit des forces naturelles, lesquelles sont tout à la fois harmonie et fantaisie.

Précédemment, Albert Vandal posait la question de savoir ce qu'il fût advenu si, après Tilsitt, l'empereur avait décidément organisé son entente avec le tsar. La guerre de 1809, qui a été fatale à cette alliance, il se demande si Alexandre Ier n'aurait pu l'empêcher : « S'il eût, ainsi que Napoléon l'en conjurait à Erfurt, tenu à l'Autriche un langage sévère, peut-être eût-il arrêté cette puissance prête à pousser contre nous ses armes reconstituées. » A maintes reprises, interviennent, dans le récit d'Albert Vandal, de telles hypothèses. C'est donc qu'un élément de liberté se mêle aux nécessités de l'histoire et, à leurs implacables rigueurs, ajoute sa contingence? — Oui. Et, cet élément de liberté, le voici : l'initiative individuelle.

Comment unir ces deux principes, qui ont l'air si nettement contradictoires? Ils ne sont pas contradictoires. Et, quant à leur contrariété, elle se résout de cette manière. Les circonstances de temps et de lieu organisent l'ensemble des nécessités auxquelles les politiques auront à faire face. Mais l'événement ne découle par des seules nécessités : il est amené par la collaboration des nécessités circonstancielles et des politiques. Il dépend des politiques, de leur habileté ou de leur maladresse. Selon que les politiques auront, ou non, clairement aperçu l'opportunité de fait, ils agiront bien ou mal. Et leur acte aura des conséquences nécessaires : mais il leur appartenait d'agir de telle ou telle sorte.

Bref, ils sont libres et ils ne le sont pas. Bonaparte lui-même, « les circonstances et leur action ne l'amenèrent que progressivement à décider dans quel sens il orienterait la France ».

Et, en somme, le principe de la liberté historique, c'est la possibilité des fautes que commettent les politiques. La solution juste dériverait logiquement des circonstances ; les circonstances fournissent les prémisses : elle serait la conclusion nécessaire de ce syllogisme impérieux. La contingence vient de l'erreur innombrable.

Telle est, si je ne me trompe, la pensée profonde et mélancolique à laquelle était parvenu Albert Vandal. Son histoire en paraît tout imprégnée, comme d'une amertume étrange et douloureuse. Malgré la variété attrayante des épisodes, leur éclat divers, leur beauté pittoresque, malgré l'heureuse gaieté qui accompagne naturellement le juste exercice de l'intelligence la plus fine et ses réussites merveilleuses, malgré toute cette lumière, son histoire est triste et poignante, qui met au grand jour de l'esprit les annales humaines toutes chargées des fautes qu'on pouvait éviter et qui se prolongent à l'infini comme un châtiment désormais inévitable.

*
* *

L'histoire, ainsi conçue et traitée, prend une sombre poésie. Elle acquiert aussi une gravité particulière, une efficacité magistrale. Comme elle désigne les fautes qui ont été commises, elle est un avertissement. Elle est un enseignement pathétique. Un mot revient souvent dans les livres d'Albert Vandal, le mot de « leçon ». Il a écrit : « L'histoire manquerait à son but, si elle ne cherchait dans le passé des avis et des leçons. »

Cela, on l'avait déjà dit. Mais je ne crois pas que jamais on ait su le faire si précisément. Albert Vandal ne s'est pas contenté de présenter à son lecteur un édifiant tableau des âges révolus. Il a procédé en analyste et en critique. Il savait que, si les événements « se survivent en leurs conséquences », les « situations » ne réapparaissent en aucun temps pareilles à ce qu'elles furent : aussi demandait-il au passé des exemples, non des modèles. Mais les exemples suffisent. Alexandre de Russie et Napoléon, quand ils voulurent employer l'alliance à conquérir l'empire du monde, la détournèrent de son rôle. C'est ainsi qu'ils l'ont faussée. L'alliance, mieux employée et, si l'on peut dire, mieux administrée, doit assurer, non la conquête, l'indépendance du continent.

Cette vérité ressort, avec évidence, de l'étude des précédents exemples. Et c'est à cette vérité d'un usage pratique et urgent que nous mène, par le judicieux exposé des faits, l'auteur de *Napoléon et Alexandre I*[er].

Le livre n'est pas destiné à cette conclusion :

il ne s'agit point ici d'un pamphlet ni d'une apologie. Et voilà, tout uniment, de l'histoire, mais riche de ses conclusions logiques et impératives.

Cette histoire, Vandal l'a écrite, il l'avait préparée, avec le patriotique désir de démêler, parmi les réalités anciennes, ce qui constitua la grandeur française, ce qui l'altéra, ce qui la reconstituerait.

Certains régimes lui ont semblé, mieux que d'autres, capables de développer l'influence extérieure de notre nation; mais il n'en a pas vu un seul qui portât en lui « un principe absolu de force et de durée ». Ce qu'il a vu, c'est que chaque régime avait, pour être profitable au pays, besoin d'hommes prudents, avisés, informés des expériences précédemment faites. « C'est le désir d'établir, au profit exclusif de la France, ces fortifiantes leçons, c'est la pensée seule de la France, dégagée de toute autre préoccupation, qui doit nous inspirer et nous guider dans l'étude de toutes les parties de son histoire politique, de même que nos anciens hommes d'armes, pour marcher à l'ennemi et s'animer au combat, ne poussaient qu'un seul cri : France! »

A ces historiens ou, plutôt, à ces partisans qui ont d'autres idées en tête et qui, en affectant d'écrire l'histoire, organisent l'apologie d'un groupe de politiciens et la déchéance de leurs émules, à ces historiens de gauche, par exemple, ou d'extrême gauche qui abusent des faits en faveur des doctrines, il aurait volontiers lancé le cri que le maréchal de Luxembourg, prêt à charger, adressait à la maison du roi : « Messieurs, souvenez-vous de l'honneur de la France ! »

Il était patriote avec ardeur, avec simplicité ; il l'était en historien et attestait qu'on peut, en gardant son impartialité, préférer la France. Il en connaissait le passé. Il en examinait le présent avec angoisse.

La mélancolie qu'on apercevait sur son visage et qui est aussi dans son œuvre témoigne de ses sentiments. Mais il ne s'abandonnait pas au chagrin ; et, comme il était énergique, il comptait sur les vaillants sursauts de volonté qui font la résistance des peuples autant que des individus. Cette volonté triomphante, ne la sentait-il pas en lui-même ?

*
* *

Cette idée de l'histoire qu'Albert Vandal a illustrée avec le plus loyal talent, c'est l'unité de son œuvre et c'en est la beauté.

Il avait, avec les *Voyages de Nointel*, l'*Ambassade française en Orient sous Louis XV, Louis XV et Élisabeth de Russie, Napoléon et Alexandre I*[er], achevé tout un cycle de démonstrations diplomatiques. Et il se mit à une autre tâche. Avec les deux volumes de l'*Avènement de Bonaparte*, il

entreprenait un second cycle ; et il appliquait à la
politique intérieure de la France la même méthode
qui lui avait servi à éclairer la politique extérieure de ce pays. Nous n'aurons, de ce nouvel
effort, que le commencement. Il est superbe, à la
fois minutieux et hardi. L'œuvre s'élançait et l'on
en devinait la courbe, la portée. Ce qu'il en reste
fait penser à ces premières arches des ponts ina-
chevés ou détruits : le mouvement y est déjà
marqué, l'architecture dessinée, la volonté visible.

Mais le maître de l'œuvre est mort. *Pendent
opera interrupta*. L'œuvre interrompue montre
que l'architecte fut grand.

FRÉMIET

Il avait quatre-vingt-six ans, lorsqu'il est mort.
Mais il portait vaillamment, lestement ce siècle,
ou peut s'en faut, de beau travail et de zèle
opiniâtre. Emmitouflé, un gros foulard au cou,
haut, svelte, rapide, il avait la jeune allure d'un
homme qui n'a peur de rien, que du froid; et ce
sculpteur de fauves semblait avoir pris dans la
contemplation de ses robustes modèles, une habitude de force et de hardiesse. Son visage était
étrange, original, amusant, avec une expression
très marquée, des rides qui ne bougeaient pas
beaucoup et qui donnaient à la physionomie une
sorte d'immobilité fine et puissante.

On le voyait, le samedi, longer les quais de la
Seine. L'hiver, il se fiait à sa pèlerine que ses
longs bras agitaient; et il allait à l'Institut, fidèle
aux séances de son académie, exact. Lorsque le
Palais Mazarin fut inondé par la folle Seine, Frémiet prit une barque, voilà tout : il arriva, juste
à l'heure, et s'étonna d'apprendre que plusieurs
de ses collègues avaient redouté l'eau.

De caractère, il était à la fois doux et rude,

prompt aux violences d'une volonté sûre d'elle-
même, et tendre aussi, délicieux grand-père.
D'ailleurs, ces constrastes ne le rendaient pas
capricieux; les diversités de son humeur se clas-
saient à merveille : il y avait de l'ordre dans sa
tête et dans son cœur.

Ce qu'il eut de plus singulier, ce fut l'imagination, toujours occupée de lions, d'ours, de
gazelles, de gorilles, d'éléphants, de dromadaires
et, avec cela, plaisante, volontiers picaresque : ce
mélange est bien de lui.

*
* *

Parisien, Emmanuel Frémiet était le neveu et
fut l'élève de Rude.

Pour ses commencements, il eut à lutter. Il le
fit bravement. D'abord, il accepta d'être employé
à la clinique de l'École de médecine, pour le
moulage des pièces anatomiques du musée Orfila.
Cette pénible besogne ne le rebuta point : il sut
la transformer en un bel apprentissage de son
métier. Il connut les muscles, il les toucha, les
mania; il étudia leur maladie et leur santé, leur
jeu, leur énergie. Plus tard, quand il put se consacrer au seul travail de ses grandes statues, on
en remarqua la justesse anatomique, la savante
exactitude.

En même temps, il s'était épris de ce superbe

élément d'art, la force que les muscles manifestent, la force elle-même, et non pour ses destinations variées, gracieuses, ingénieuses ou pathétiques, mais pour elle-même, pour l'unique beauté de son éploiement.

Et l'on dirait aussi qu'alors les muscles humains lui parurent médiocres, petits et pauvres. Les animaux sont mieux pourvus. Il dédaigna cette chétive humanité qui, dans les premières forêts, n'a pu se tirer d'affaire que par ses ruses.

Les ruses et enfin les ressources de l'industrieux esprit n'intéressent pas le sculpteur. Tout cela, cette subtile manigance, ne fait pas de beaux gestes qu'on veuille fixer dans le bronze ou le marbre. Les beaux gestes sont de qualité animale ; les hommes les souillent d'intelligence.

Il y a, claire ou implicite, dans l'art de l'animalier, une philosophie dont Lucrèce a formulé les principes au cinquième livre de son poème. C'est une doctrine de la suprématie des bêtes. D'ailleurs, elle attriste Lucrèce ; l'animalier l'adopte résolument, et même avec une sorte de satisfaction. Ah ! que les hommes sont petits et misérables ! Voyez ce lionceau et voyez cet enfant. Le lionceau n'a pas besoin de hochets ; il ne réclame pas le tendre et perpétuel babillage d'une bonne nourrice : mais l'enfant ne fait que pleurer. Le lion n'a pas besoin d'armes ni de murailles. Et la terre, libérale, lui fournit ce qu'il souhaite.

L'on en vient à dénigrer l'homme ou à le

plaindre avec un peu de mépris. L'on n'est pas spiritualiste.

Accordons-le, il y a aussi des animaliers qui ne possèdent pas cette philosophie ; certains n'en possèdent aucune. Pour s'en apercevoir, il suffit de regarder les œuvres auxquelles fut consacré leur labeur. Ils peignent ou sculptent des animaux, avec une insignifiante habileté, ou maladroitement.

*
* *

Mais j'attribue à Frémiet une philosophie.

Même s'il ne l'a pas réduite, quant à lui, sous la forme d'un système, — et, cela, qu'importe ? — du moins son talent de sculpteur en est-il animé.

Chacun de ses ours, de ses éléphants, de ses lions est un triomphe de valeureuse musculature ; la gazelle aussi, avec ses jambes si frêles que sa légèreté seule réalise le charmant paradoxe de courir sur l'appui d'une telle fragilité. Frémiet calculait délicatement les justes proportions de ces bêtes si bien réussies, et qui emploient sans cesse toute leur véhémence, et à qui rien ne manque pour qu'on les voie dans leur plénitude efficace. Il a aimé le ressort tendu de leurs membres ; il a aimé le divertissant équilibre de leur masse et de leur solidité, de leur puissance et de leur entreprise, de leur résistance et de leur férocité ; il a aimé leur brutalité magnifique et leur instinctive circonspection.

C'est ainsi que les bêtes sont belles, à l'état de forces naturelles, dont la lutte est quasi mathématique, s'il n'intervient pas d'éléments étrangers qui la faussent. Le combat de deux fauves a quelque analogie avec le double effort d'une voûte et d'un arc-boutant. Si la pesée de la voûte et la résistance de l'arc-boutant sont égales, le combat durera ; si l'arc-boutant fut pauvrement bâti, la voûte l'écrasera comme le sanglier vient à bout du chien, comme le lion détruit la panthère.

Les éléments étrangers qui interviendraient dans ces formidables duels, comparons-les aux tendons de fer que les architectes modernes mêlent déplorablement aux grandes combinaisons de la pierre dressée et construite ; l'architecture en est toute faussée.

Eh ! bien, dans l'admirable guerre des muscles, si juste, — non de justice, mais de justesse, — quel est cet élément de désordre ? Donnons-lui son véritable nom : c'est l'esprit.

Il ne se voit pas : il agit sournoisement, il détraque les équilibres manifestes. Et le sculpteur le déteste, le sculpteur qui réalise les forces évidentes.

Alors, il organise le triomphe des muscles. Frémiet l'a, mieux que jamais, glorifié dans le

Gorille enlevant une femme. C'est une œuvre terrible et farouche, d'une grandeur sauvage. Elle évite d'être odieuse au regard, grâce à l'idée qu'elle figure et qui est précisément celle que j'indiquais. Elle reste tragique. D'ailleurs, il y aurait, dans cet accablement de l'esprit, dans cette victoire furieuse que remporte sur l'esprit l'ardeur physique, il y aurait là toutes les données de conclusions pessimistes. Le poète s'en attristerait ou, simplement, le philosophe spiritualiste. Le sculpteur, non ; le sculpteur des muscles applaudit au violent succès de son modèle. Et il compose avec de tels épisodes une ample épopée de la belle animalité triomphante.

* * *

On l'a remarqué, on l'a regretté quelquefois, Frémiet ajoute volontiers aux rudes aventures de ses fauves quelques détails plaisants, drôles et, en pareille occurrence, imprévus. Ce badinage divertit l'attention du spectateur et nuit au drame ; l'angoisse diminue : l'on est distrait, l'on va rire, quand on aurait subi seulement l'horreur des splendides carnages.

Frémiet, sans doute, le savait bien. Mais cet étrange badinage, qu'on peut blâmer, a une signification précise dans son œuvre. C'est l'esprit qui badine, tandis que les muscles travaillent.

Et, tandis qu'on admire les muscles, l'esprit n'est, lui, que risible, voire ridicule, en tout cas absurde. Le sculpteur des muscles l'a dénigré. Même, il a mis, à ce dénigrement, de la malveillance. Plus la grimace des singes semble sotte auprès de la fureur des grands fauves, mieux est marquée la royauté de ces légitimes despotes.

Il y a, si je ne me trompe, une poésie, une beauté particulière, dans cette philosophie de la nature qu'illustra d'œuvres significatives Frémiet, sculpteur des valables brutalités.

S'il a réussi moins heureusement la petite Jeanne d'Arc de la place des Pyramides, enfant menue qui monte un gros cheval campagnard, c'est que là le sujet allait à l'inverse de sa philosophie constante : on devait voir l'esprit qui triomphe de la matière, l'esprit qui supplée aux muscles et qui domine sur la force, l'invisible esprit qui devient une suprématie.

Mais, en telle autre statue équestre, le Connétable par exemple, Frémiet trouva, inventa peut-être l'occasion de traiter son thème favori, lorsqu'il donna un air comique, une physionomie qui prête à rire, au capitaine d'armées, à ce symbole de l'énergie qui n'a que faire de l'esprit et que l'esprit diminuerait.

*
* *

Tel m'apparaît, en somme, l'art de ce sculpteur puissant et narquois, réaliste et romantique, obstiné à son idée, patient à l'orner d'images nombreuses et qui eût abouti, probablement, à la tristesse d'un Lucrèce, si le sarcasme n'était pas un plaisir et la sculpture une joie.

ALBERT SAMAIN

On ne le voyait jamais. Sa courte existence n'a pas fait de bruit.

Et sa jeunesse la voici. A quatorze ans, il quitta le lycée pour entrer, comme saute-ruisseau, dans une banque. Puis on le mit dans le courtage des sucres, où il vécut très malheureux pendant plusieurs années, travaillant du matin au soir et, le dimanche, jusqu'à deux heures. Ensuite, il entra dans l'administration. Cependant, il lisait et songeait.

C'est lui-même qui l'a conté, dans une lettre. Et il ajoutait : « Heureusement, la petite bête avait la vie dure, il faut croire! »

Un instant, la gloire l'effleura; mais il avait le mépris, la haine et la peur du vacarme que fait la renommée : la poésie était, pour lui, une joie secrète et confidentielle.

Et puis, un jour, à quarante ans, il est mort.

*
* *

Son premier volume, *Au jardin de l'Infante*, parut en 1893. Samain publia ensuite quelques vers dans des revues; plus tard, un petit recueil de courts poèmes, quelques contes en prose : c'est tout. Son œuvre n'est pas abondante. Elle a un charme aigu, pénétrant et comme un parfum délicieux, qui entête.

C'est une poésie de solitaire, la rêverie d'une pensée qui ne s'épanche pas au dehors et qui, retirée en elle-même, y devient plus ardente et douloureuse.

Aucun poète ne fut plus effaré de la foule, plus craintif de la vie. S'il consent à en écouter, mais de très loin, le vain tumulte, ce n'est que pour en prendre davantage l'horreur et se sentir plus seul dans l'intimité de sa méditation. Toute exubérance l'offensait, toute révélation de lui l'inquiétait. Il ne voulait que respirer à l'écart, comme un trésor clandestin, « le lys de solitude ». Attentif à son âme, il en épiait les mouvements divers, les désirs vagues, les mélancolies; et il se faisait un jeu cruel d'en noter avec précision les inguérissables souffrances. L'idée de la fatalité le menait à se résigner, l'empêchait au moins de se manifester en cris de désespoir. Il était « doux en ses sanglots ».

Une fois, il écrit à un jeune homme; et il lui signale comme le premier devoir de « se retrouver » sous l'amas de tout ce qu'apportent lectures, entretiens, bavardages. Il faut tirer le triple verrou de sa porte, s'enfermer dans sa chambre, se demander ce qu'on aime et ce qu'on n'aime pas, se répondre avec loyauté ; il faut avoir tout le courage, faire tous les sacrifices ; il faut tâcher de démêler « sa pauvre petite personnalité, exténuée mais vivante tout de même ». « Elle est forcément timide, presque honteuse de se voir toute nue, et elle se semble indigente. Qu'importe? C'est elle seule qui est la vérité. Elle tient dans sa main la petite lampe merveilleuse qui seule met dans une œuvre des points lumineux. » Il faut « être naturel, exprimer sa nature humblement et se résigner ; on n'en a qu'une ».

Seul avec lui, Samain prenait de l'audace. Il rêvait de musiques frissonnantes, de parfums forts qui eussent exalté son extase. A la torpeur fatigante de son imagination succédaient de frémissants désirs, vibrants comme « des sons d'archets ». Une sorte de nostalgie lui venait, un souhait de sentir de plus fines impressions le frôler, d'arriver aux extrêmes confins de la pensée en mal d'elle-même, jusqu'à l'exquis enchantemeut, jusqu'à « ne plus savoir ce que la vie est devenue ». Songe d'amour, songe de tendresse caressante et de confiante intimité, d'adorable communion dans la tranquillité des soirs, de douce paix à l'heure où il serait doux de rentrer ensemble ; songe de luxure aussi, que traversent, comme de chauds éclairs, les images de sensualité, enlacement des bras, belles étreintes, baisers des bouches. Songe d'amour et rêve de la mort!... Puis, comme lasse, l'âme retombe à sa tristesse et, calmée, entrevoit avec exactitude le réel. Douloureux chemin de la clairvoyance!... Elle aperçoit alors, cette âme, la vanité de son enthousiasme; elle insulte l'amour, dont la chimère l'a déçue, et, revenue enfin de la dernière folie qu'est la colère, de la dernière illusion qu'est le désespoir, elle s'abandonne à son malheur sans surprise, elle s'enferme dans le sûr refuge de sa fantaisie.

*
* *

A noter de tels états de conscience, infiniment subtils et complexes, Albert Samain dépensait l'art le plus délicat, le plus méticuleux et, en outre, classique. Il fut toujours docile aux règles de la métrique ancienne; et, s'il rechercha les sentiments rares, il ne voulut employer à les rendre que les moyens habituels. Les innovations prosodiques qu'on hasardait autour de lui ne l'ont pas détourné des méthodes parnassiennes. Il écrit généralement en alexandrins réguliers, soigne ses rimes; et, s'il déplace quelquefois la césure, c'est avec précaution. Ou bien, combinant le grand vers avec des mètres plus légers, il compose des strophes ingénieuses. Jamais, dans ses recherches de rythmes nouveaux, il n'aboutit au vers libre.

Il semble qu'il ait parfois senti la gêne d'une

forme si impérieuse. Or, il aimait, dit-il, l'indécis et le vague, l'incertaine rêverie qui ne se fixe pas avec dureté mais qui flotte et va se perdre dans l'air léger, les visions que ne limitent pas des contours nets. Comment concilier cette poésie de pénombre et de mystère avec l'usage de ces parnassiens qui cherchaient l'éclat, l'évidence? Plus d'une fois, le poète du *Jardin de l'Infante* croit deviner qu'il faudrait à son rêve, « jaloux de ne se définir », l'accompagnement d'une musique; à « son cœur infini, son cœur misérable », le bercement d'une merveilleuse harmonie. Il souhaite alors des vers singuliers, des vers « doux, mourant comme des roses ».

Mais, fidèle ainsi que Verlaine aux règles du Parnasse, il sut pourtant donner à ses vers un son de mélancolie contemplative qu'on n'entend pas ailleurs.

S'il refusa de recourir au vers libre comme à une forme de poésie plus souple et plus diversement expressive, une autre invention d'alors eut pour lui de l'attrait, le symbolisme. Il est vrai que le plus grand nombre de ses poèmes sont écrits en « style direct », si l'on peut dire. Mais souvent, désespérant peut-être de décrire avec exactitude, d'analyser avec rigueur ses sentiments et ses idées, il se contente de les évoquer par l'allusion d'une image.

Le titre même de son livre, *Au jardin de l'Infante,* est une allégorie qu'il développe et qu'il

explique dans le premier poème. Ailleurs, l'allégorie n'est plus commentée et, pour ainsi dire,
traduite; mais elle reste à l'état de symbole.
Alors, l'image n'est plus un ornement, mais un
moyen d'expression. Conscient des concordances
qui unissent les choses entre elles et des liens
qu'aperçoit la pensée entre les détails divers du
monde physique et les éléments du monde moral,
le poète recourt à ces analogies.

Mais il est rare que Samain se fie à ce stratagème. Les nouveautés lui faisaient peur et,
timide, il préférait de plus simples esthétiques.

*
* *

Après la poésie intime, élégiaque du *Jardin de
l'Infante,* il parut demander le repos à une poésie
plus impersonnelle, objective. C'est le second
degré de l'art, quand l'âme n'est plus contente de
parler d'elle, même en un langage qui lui donne
le change. Elle se met à parler d'autre chose :
c'est le dernier renoncement.

Les plus parfaits poèmes qu'eût écrits Samain
jusqu'alors étaient des sortes de « fêtes galantes »,
petits tableaux à la Lancret, d'un sentiment délicat,
d'une couleur fine. C'est l'antiquité, qu'on trouve
dans son deuxième recueil, *Aux flancs du vase,*
l'antiquité de l'Anthologie, celle aussi de Chénier,
gracieuses idylles, scènes champêtres, bergeries.

Voici le cortège d'Amphitrite qui se déroule sous
la pureté du ciel ; et Pamyre qui danse avec l'accompagnement de la flûte : son voile s'élargit, se
gonfle, se creuse, se déploie, tourbillonne et puis
colle à son corps charmant et la révèle ; et la
petite Chloris qui, près de l'étang, prend une grenouille et bientôt s'effraie de sentir sous ses doigts
battre le cœur de la bestiole ; et Xanthis, qui se
baigne et voit soudain surgir le Faune ; et l'enfant
Palémon, qui lutte contre un bouc pour le faire
rentrer à l'étable ; Amymone, qui caresse entre
ses seins une tourterelle ; Rhodante, qui s'étire
dans la langueur du soleil chaud ; Axilis, le pâtre,
qui, dans le doux paysage d'aurore, auprès du
ruisseau, tressaille du frisson du monde ; et Nyza,
qui, le soir, chante d'une voix si pure des rondes
d'anciens jours. Ailleurs, c'est le travail des
labours, des vendanges, la saine activité dans la
nature bienveillante. Aux prés, les bergers mènent
leurs troupeaux paître ; aux champs, la mois-
son s'accomplit. Sur le seuil des chaumières,
apparaît le bonheur bucolique ; près des rives
ombragées, les amants récitent l'éternel dia-
logue.

Ces petites scènes sont peintes, comme par
Douris, Euphronios ou Brygos, aux flancs du
vase. Et, dans le vase, il y a la cendre du passé,
tiède encore.

*
* *

Quelques poèmes que Samain publia ensuite,
ici ou là, sont d'un autre caractère. Son *Nocturne
provincial* a un peu la grâce falote et la fantaisie
étrange de Laforgue, avec plus de justesse dans
le vocabulaire, plus de sûreté dans la syntaxe. Le
grand poème de *la Peau de bête* est d'une puissance farouche, d'une sinistre grandeur. On ne
peut deviner ce qu'allait devenir ce poète de quarante ans.

Il laissa enfin trois petits contes en prose.

Le caractère de son talent n'est pas celui d'un
romancier : il était trop jaloux de se tenir à
l'écart et de se réfugier dans son rêve pour
acquérir les bien faciles qualités de nos observateurs.

L'histoire de *Divine Bontemps,* bien qu'on la
sente vraie et qu'elle soit extrêmement touchante,
est, en somme, une délicate analyse de moraliste
interprétée au moyen d'une fiction. Divine Bontemps était une petite fille qui avait une singulière énergie de tendresse ; mais elle regardait
l'aveu de ses sentiments comme un péché. Elle
était venue au monde « avec la honte de son
cœur » ; et sa pudeur morale avait tous les raffi-
nements douloureux de la pudeur physique :
qu'on devinât l'émoi qui la troublait, et elle

éprouvait « l'intolérable malaise de la nudité ».
Sa vie fut désolante, jusqu'à ce qu'elle désirât
d'en être délivrée; seulement, « elle n'osait pas
demander à Dieu de mourir ».

Xanthis était, dans une vitrine Louis XV, une
petite statuette de Tanagra fort plaisante qui, la
nuit, dansait comme naguère sous le péristyle du
temple d'Artémis. Elle tourna la tête d'un vieux
marquis en porcelaine de Saxe, dont elle apprécia
la distinction parfaite. Puis elle s'amouracha
d'un musicien en biscuit, lequel lui donna l'amour
éperdument exquis. Un faune robuste, en bronze,
l'enivra de chaude passion. Elle goûta ainsi
toutes les sortes de la tendresse. Mais, un beau
soir, une idée perverse la prit d'aller se mettre
sur les genoux d'un hideux magot chinois qui
d'abord l'avait effrayée par sa grimace. Le Faune
l'aperçut, se fâcha, la brisa. Et la destinée de
Xanthis de Tanagra symbolise « la vanité des
amours passagères et la mélancolie des fragiles
destinées ».

J'aime surtout l'histoire d'Hyalis, le petit faune
aux yeux bleus, né d'un ægypan très gaillard et
d'une mortelle frivole, dans les bois de Mycalèse.
De sa double origine il tenait une double nature.
Il se désabusa des faciles caresses des nymphes.
Il fut amoureux du Nyza, fille de Glaucos, pour
l'avoir vue, près d'une vasque de marbre, jeter
du pain à ses colombes. Il mourut de cet amour,
parce que la blanche Nyza n'eut pour lui que du

mépris. Le vieux porcher du fermier Lycophron, sage entre les sages, l'avait averti : « Hyalis, la première loi du monde est la conformité des êtres à leur destinée; l'âme qui regarde par tes yeux n'est pas celle d'un faune et je crains qu'il ne t'en arrive malheur!... »

*
* *

Albert Samain s'était retiré dans « l'île d'émail » de sa fantaisie, loin des contacts de la réalité, blessé par la vie, comme cette Galswinthe que les barbares offensaient, — « blanche morte étendue au plus doux de mon cœur, — vase mélancolique, ô Galswinthe, ma sœur... »

ÉDOUARD ROD

Il était grand, un peu voûté, vêtu avec une extrême simplicité, et d'apparence noire, mélancolique, austère, presque sévère si l'on n'avait pas su comme il était gentil et doux. Les personnes qui ont connu Émile Zola disent que, pour le visage, Édouard Rod lui ressemblait. J'ai peine à le croire ; et, même si les traits avaient quelque analogie, la physionomie n'était certainement pas la même : — ou bien alors, que serait-ce donc que la physionomie ?...

Le visage d'Édouard Rod ne souriait pas facilement. Il était d'habitude grave. Quand on le rencontrait et quand on se mettait à causer avec lui, on avait l'impression qu'il fallait quelque temps avant qu'on l'eût appelé hors de son rêve continuel. Cela fait, il ne demandait pas mieux que de rire et il y apportait toute sa complaisance aimable. Même, il avait, en ces moments-là, volontiers une sorte de gaminerie, justement celle des consciences irréprochables et qui ont du loisir.

Je l'ai vu, pendant des années, constamment ;

et, pas une fois, je ne l'ai entendu plaisanter
d'une façon qui pût être offensante ou seulement
un peu pénible soit pour une personne, soit pour
une idée. Il était bon ; cela le dispensait d'avoir,
comme on dit, de l'esprit. Et, pas une fois, je ne
l'ai vu prêter la moindre attention à ces mani-
gances dont plusieurs hommes de lettres composent leur existence littéraire. Il était ainsi naturellement ; il vivait à l'écart de tout ce qui n'est
pas la pensée, le rêve ou le sentiment.

Que son arrivée était amicale !... Il était content de vous voir : autrement, serait-il venu, lui
ce sauvage, ce grand amoureux de la solitude et
qui n'aurait eu besoin de personne au monde?...
La méditation lui suffisait ; et, s'il sortait de
la bonne retraite qu'elle lui faisait, c'est que
l'amitié l'y engageait, l'amitié qu'il aimait autant
que l'idéologie.

Quand il était enfermé dans son cabinet de
travail, on eût dit que rien ne l'en tirerait. Et,
quand on causait avec lui, on eût dit que rien ne
le séparerait de vous. Il se partageait ainsi, passionnément et avec une aménité naturelle, entre
le labeur de son métier et les camarades de son
intelligence.

Les souvenirs iraient leur train, si l'on voulait
s'abandonner à eux...

***

Il était né, en 1857, à Nyon près de Genève. Et il aimait infiniment sa patrie, à cause de la neige et des cimes, à cause de la beauté d'une nature qui semble toute préparée pour les plus poétiques paraboles de la spiritualité; il l'aimait aussi comme sa patrie, en toute simplicité de cœur et de mémoire. Certes, il aimait la France, qu'il avait choisie pour son pays d'élection; mais, quand on lui offrit de renoncer à sa terre natale pour entrer à l'Académie, il ne put s'y résoudre.

Il était le compatriote de Jean-Jacques Rousseau et du subtil Amiel. Et il appartenait à cette lignée d'idéologues magnifiques et aventureux.

Pendant sept ans, il fut professeur à l'Université de Genève; et, s'il quitta l'enseignement, c'est afin d'enseigner encore. Toute sa vie, il garda le scrupule de qui a des doctrines à répandre. Cela se marquait par le soin qu'il mettait à distinguer de ses prédilections ses véritables certitudes. La qualité de son âme était évidente là.

Il savait l'extraordinaire puissance de propagation, et comme de contamination, qu'ont les idées : il la redoutait. Les batailles que se

livrèrent en lui cette inquiétude et cet amour
rendirent noble et pathétique sa vie intellectuelle.

Au milieu du chemin, l'un de ses romans, et non
le plus beau, mais l'un des plus émouvants, en
témoigne. Rod y étudie la question de la responsabilité qu'assume l'écrivain. Cet écrivain : quelque
dramaturge à la mode, plein de gloire et qui premièrement n'est pas très effrayé des sophismes
qu'il éparpille. Une jeune femme se tue ; et l'on
trouve, près du cadavre, les œuvres du dramaturge. Elle était férue de cette littérature trou-
blante ; cette littérature lui a tourné la tête.
Alors, le dramaturge se sent responsable de cette
mort. Ce n'est point un cas particulier que présentait Rod ; et la jeune femme que des livres ont
tuée, il la donnait comme le symbole de toutes
les âmes en qui des poèmes, des comédies ou des
romans ont tué quelque chose. Son dramaturge
est ici l'homme de lettres qui a pris conscience de
ce que les idées les plus séduisantes qu'on lance
par le monde avec étourderie ont de périlleux,
de mortel. Et il a voulu que cet homme de lettres
fût, sans le vouloir, sans le savoir, une sorte d'as-
sassin malheureux, pour qu'on vît le danger ridicule et formidable des mots.

Certains critiques ont regretté que son œuvre
eût quelque chose de difficile et de tendu. L'écrivain qui songe à ses amples responsabilités n'a
point les grâces badines de tel autre.

*
* *

Édouard Rod vint à Paris, pour y demeurer, vers 1890. A cette époque-là, les circonstances le réclamaient.

D'abord, quand il avait commencé d'écrire, on put le considérer comme un réaliste. Il accepta même quelques-uns des procédés de l'école. Puis les procédés s'en allèrent, évidemment. Mais Rod resta un réaliste, à bien prendre ce mot : il avait besoin, ce rêveur, de l'appui qui prête la réalité.

Du reste, son réalisme se transforma bientôt; ou, plus exactement, il s'épanouit.

Un continuel souci moral s'y manifesta. Et ce ne fut pas une intrusion. Car Rod ne crut jamais que fussent étrangères l'une à l'autre l'éthique et la réalité. En d'autres termes, il crut passionnément que les idées morales étaient aussi concrètes que les faits de l'expérience, et qu'enfin la réalité contenait virtuellement les doctrines. Et il interrogeait la réalité, pour que les doctrines y apparussent.

Peut-être s'est-il trompé là-dessus; mais il garda de tout son cœur cette confiance. Si les doctrines, nées de son rêve, se posaient sur la réalité, il ne sut pas que la réalité n'y était pour rien; ou il ne voulut pas le croire. L'illusion était digne de lui.

Ses premiers romans sont la description de ce qu'il observait avec de bons yeux attentifs. En même temps, il écrivait de subtils et profonds essais de critique, de psychologie et de philosophie. Sa pensée suivait deux courants parallèles. Et puis les deux courants se joignirent heureusement : et l'on eut alors la somme harmonieuse de sa double étude.

La *Vie privée* et la *Seconde vie de Michel Teissier*, au confluent de son double effort intellectuel, furent en leur temps les livres que l'inquiète jeunesse lut comme un évangile nouveau ou renouvelé. Ces années-là, Rod apparut comme l'un des directeurs de conscience que souhaitait une époque alarmée.

Et Rod en était effaré. Je me le rappelle entouré d'hommages, fort triste et soucieux. Tandis qu'on le complimentait avec des paroles quasi religieuses, il ne désirait que de s'écarter et d'aller ailleurs songer encore : il se demandait si son évangile était bon, décidément, lorsque divers éloges lui donnaient à penser qu'on l'entendait tout de travers. Il y avait en lui de l'apôtre; mais, cet apôtre, maints scrupules le martyrisaient.

L'époque eut, assez rapidement, d'autres caprices : on la vit tourner ailleurs sa frivolité. Mais on ne vit pas Rod se déprendre de ses tourments; je crois qu'il fut assez content, et comme délivré, de n'avoir plus charge d'âmes : et il continua d'interroger avec angoisse la **réalité** pleine d'idées.

*
* *

Toutes les questions que pose l'heure présente, il les a posées dans ses romans, qui ne sont pas des romans à thèses, non, mais des romans à idées. Ces questions, il ne prétendait pas les résoudre ; mais il en indiquait au moins les différentes solutions morales. Et il laissait à chacun de choisir.

Car il était, et ardemment, individualiste. Il l'était assez pour n'entreprendre point sur l'individualité de personne. Et, moraliste, il évita ainsi d'être un dogmatiste imprudent. Pour cela, il était aussi l'indulgence même, pourvu qu'ont eût choisi entre des solutions de qualité morale. Il préférait certaines idées ; mais il les aimait toutes : seule lui échappait et l'eût choqué la futilité.

Il a écrit : « Le dernier mot de la sagesse est un précepte négatif : il ne faut jamais penser à soi. C'est tout le secret de la vie. » Cette moralité de *Mademoiselle Annette* pourrait bien être la suprême conclusion à laquelle fût, en fin de compte, arrivé ce grand coureur d'idéologies. Mlle Annette vit « comme si elle n'existait que pour servir au bonheur du prochain ». Premièrement,

elle était fiancée; soudain son père fit faillite : et
alors le fiancé se retira, comme il était venu. La
pauvre fille reçut cet avertissement de la destinée
et comprit qu'elle ne devait pas s'occuper d'une
personne si peu chanceuse : elle. Et elle ne
s'avisa plus de compter sur aucune aubaine en ce
monde; mais, renonçant à elle-même, elle travailla pour les autres. Elle « réparait les injustices du sort, raccommodait les destinées en
mauvais état, neutralisait les dégâts que font la
sottise et la méchanceté » ; elle devint, pour son
entourage, une sorte de quotidienne et familière
providence, pleine de douceur et de bonté.

Le secret de la vie est de ne jamais penser à
soi, — précepte sublime et qui enferme une con-
tradiction poignante : s'il nous faut renoncer à
nous, c'est que l'individualité humaine ne constitue pas un tout réel et suffisant; mais alors nous
allons cependant veiller à d'autres individualités,
et les favoriser, et les traiter comme si chacune
d'elles constituait à nos yeux un tout réel et suffisant. Nous sacrifierons un égoïsme, le nôtre, à
divers égoïsmes, les égoïsmes d'autrui, parce que
si les autres égoïsmes refusaient notre bienfait,
abandonnaient eux aussi la joie que nous leur
passons, la joie, de proche en proche, s'en irait
jusqu'à se perdre. Il n'en resterait absolument
rien, si la joie ne s'arrêtait nulle part. Il ne resterait, à la fin de ce grand gaspillage, nul résultat : il resterait seulement la pratique multipliée

d'une vertu. Le moraliste désespéré ne demande
pas davantage.

*
* *

Enveloppé dans son large manteau à pèlerine,
un chapeau mou sur la tête, Rod avait l'air d'un
prêtre. Et il était de pensée religieuse.

Quand on lui disait qu'il cédait à une ferveur
mystique en bâtissant ses beaux systèmes, il
objectait :

— Mais non, je pars de la réalité!...

Il la voyait plus pensive peut-être qu'elle ne
l'est. C'était sa confiance; et enfin, si ce fut son
illusion, il n'en est pas de plus noble.

Durant les deux dernières années de sa vie,
Édouard Rod parut, de jour en jour, plus triste. Il
avait senti « l'ombre s'étendre sur la montagne ».
Pourtant, je ne crois pas qu'il ait deviné sa mort
prochaine... Mais, à vrai dire, qu'en sait-on? Il
parlait peu de lui.

Et il est mort au pays du soleil et de la gaieté,
cet ami du silence et des grands paysages où les
nuages passent, chassés par le vent comme des
kyrielles d'idées, cet ami de la solitude mélancolique. Il est entré dans le définitif silence et dans
le repos que ne trouvait point ici-bas son âme
tourmentée.

JEAN LAHOR

Henry Cazalis, pour entrer en littérature, se souvint de Lahore, capitale du Pendjab, fière du palais de Djihanghir, de ses bazars et de sa mosquée des Perles; il se souvint de Lahore qu'il ne connaissait pas, ville lointaine dont le nom seul suffisait à lui enchanter l'imagination. Et il devint Jean Lahor, pour attester que le songe de l'Inde le consolait des tristesses occidentales et qu'il admirait Leconte de Lisle.

Tout de même, il resta médecin. Et, comme s'il avait, ainsi que le jeune Bouddha, reçu l'avertissement des trois rencontres, attentif à la vieillesse, à la maladie, à la mort, il n'omit pas de soigner avec cœur et science la pauvre humanité.

Il a publié l'*Illusion,* qui est un recueil parnassien, et l'*Alimentation à bon marché, saine et rationnelle,* qui est l'ouvrage d'un savant et d'un sociologue. Le double principe de sa destinée est marqué par le contraste de ces titres.

Dans sa jeunesse, il a été l'ami de ce groupe de peintres, de musiciens qui s'était constitué

autour d'Henri Regnault et de Georges Clairin.
Ses premiers vers sont à peu près contemporains
du beau temps de l'école parnassienne. Et puis
les questions pratiques l'ont requis et il s'est consacré à elles avec autant de zèle qu'il en avait mis,
naguère, au service de la pure beauté. C'est l'originalité de son personnage et c'est le caractère
de son rêve, qui ont produit de la littérature
hautaine et de la philanthropie.

Poète, il apparaît comme un élève de Leconte
de Lisle, mais comme un élève qui, tout en subis-
sant la discipline du maître, garde intacte son
individualité. En lisant l'*Illusion,* on se dit que ce
recueil, si Leconte de Lisle n'eût point écrit,
marquerait une des grandes dates de la poésie du
dix-neuvième siècle ; on se dit aussi que, sans
Leconte de Lisle, on ne l'aurait peut-être pas eu.
Tel qu'il est, il a son charme et il mérite l'admiration.

Jean Lahor a pénétré beaucoup plus avant que
son maître dans la philosophie de l'Inde. Il ne
l'a pas seulement appréciée comme un prétexte à
de splendides et pathétiques poèmes : il l'a, pour
ainsi dire, adoptée. Il en a nourri sa pensée, et
non pas seulement son art.

Cependant, c'est Leconte de Lisle qui avait,
aux yeux des passants, l'air d'un bouddhiste véritable. Ma jeunesse le vit, dans le quartier de
l'Odéon, magnifique et morne ; il se promenait
avec l'allure lente de qui connaît l'inanité de la

durée. Et il portait un monocle, sans doute ; mais il ne regardait évidemment pas le voile trompeur de Maïa, si beau pourtant, les beaux matins, dans le jardin du Luxembourg. Et il se promenait, parce qu'il est aussi vain de rester immobile, parmi les apparences de la fuyante réalité, que de marcher, en fumant un cigare.

Tandis que Jean Lahor était tout simple, remuant, assez bavard. On l'eût pris pour un homme qui n'a pas emprunté le moins du monde sa philosophie à l'Asie très mystérieuse. Il avait cette aimable sincérité ; il avait encore d'autres vertus.

*
* *

Voici quelques années, le bouddhisme était à la mode. On crut un instant qu'il s'établirait chez nous à l'état de religion. Peu s'en est fallu que, du moins, il ne créât un snobisme. C'est déjà bien joli.

D'ailleurs, il ne sied pas d'en rire, tout simplement. Les doctrines de chez nous étaient dans un terrible désarroi et la sagesse de l'Inde ancienne fut peut-être le réconfort de maintes consciences. Aux époques où l'on semble délaisser les églises, les chapelles ont plus de fidèles que jamais ; et les temples des dieux étrangers se multiplient, dans les cités qui négligent leurs dieux anciens.

Le snobisme, en pareil cas, est le naïf hommage d'âmes dociles et ferventes, un peu étourdies, mais qui se réjouissent véritablement d'avoir trouvé l'objet d'une ferveur provisoire. Jean Lahor a été l'un des apôtres de cette paradoxale renaissance, et avec quelle loyauté !... Si des néophytes allèrent un peu loin, ce n'est pas sa faute ; et je me figure qu'il en souffrit.

L'*Illusion,* c'est le voile divers, magnifique et trompeur de Maïa, que Leconte de Lisle ne daignait pas regarder, lorsqu'il se promenait sous les yeux déférants de la jeunesse des écoles ; c'est l'universel enchantement de la vie et de ses apparences qui ne sont pas l'image d'une réalité supra-sensible ; c'est l'adorable duperie des heures. Vers le même temps où le jeune Bouddha préludait, au cœur lointain de l'Asie, le Grec Héraclite composait la philosophie du Devenir, que le monde hellénique n'adopta point ; mais le bouddhisme allait constituer la profonde croyance de là-bas. C'est un dogme de désolation ; c'est le plus émouvant pessimisme qui ait jamais été vécu. Pour résister là contre et pour rester indemne d'une telle contagion, trop séduisante, de lyrisme désespéré, il a fallu tout le divin optimisme des Grecs et leur légèreté charmante. L'Orient douloureux en fut bouleversé. Chez nous, il y a des heures où la tentation est forte.

Jean Lahor l'a subie. Ses poèmes bouddhiques sont beaux et comme amèrement ressentis. Ils

sont beaux en l'honneur de la duperie délicieuse,
et amers de la déception. La forme en est
luxueuse et fine. Ce parnassien connait à merveille son métier ; il joue avec les mots comme un
émailleur avec les paillons, comme un jongleur
avec les boules, comme un musicien avec les
sons. Seulement, à la différence de quelques
autres parnassiens, il ne cesse pas d'être l'esclave
de sa pensée. Pour le juste souci de l'idée, il est,
en quelque sorte, le Vigny du Parnasse, le seul
Vigny d'un groupe qui a possédé maints petits
Victor Hugo. Et, certes, il est moins grand que
Vigny ; mais aussi le Parnasse n'eut pas l'ampleur
et la puissante fécondité du romantisme. Toute
mesure gardée, ce poète philosophe emporte une
double louange.

* *
*

Poussé à sa limite extrême, le pessimisme
aboutit à la négation de l'existence. Si Scho-
penhauer ne s'est pas tué, c'est aussi qu'il aimait
à boire de la bière, à invectiver contre Hegel et à
jouer de la clarinette : ces divertissements lui
permettaient d'oublier et de négliger ses conclusions dialectiques. Mais divers schopenhaueriens,
à qui manquaient de tels amusements, n'eurent
pas l'entrain de continuer à vivre.

Tout aussi aisément, — disons, tout aussi logiquement, — le pessimisme, poussé à sa limite extrême, a pour conséquence un vaillant sursaut de la volonté. Il mène au nihilisme ou au stoïcisme, indifféremment. Tant il est vrai que les doctrines sont à la disposition des âmes qui les accueillent, bonnes servantes, promptes à obéir.

Et l'on pervertit les doctrines ou on les sanctifie, comme à son gré.

Jean Lahor a choisi le stoïcisme. Il a écrit des *Vers dorés,* dignes de l'énergique antiquité, dignes aussi de Corneille. Et il a écrit la *Gloire du Néant,* qui est une superbe révolte idéologique. Il a organisé là une sorte de catéchisme du « pessimisme héroïque ». La thèse apparaît bien, dans ces lignes très belles : « Je bénis tout ce qui m'a menti, l'illusoire beauté des choses, et les paroles des être bons, et tous les rêves qui peuvent encore donner aux hommes l'espoir, la force et la joie. Je bénis tout ce qui est grand : les grandes montagnes, les grands fleuves, l'océan sans bornes et les poèmes, profonds comme des forêts, et tout ce qui peut faire oublier l'étouffante limite de la vie... Je bénis tout ce qui m'a trompé, tout ce qui m'a consolé d'être. » C'est une arrogante, brusque et fière réponse à l'*Illusion.* Ou, plutôt, c'est une deuxième illusion, — mais volontaire, celle-ci.

* *
*

Désormais, nous concevons sans peine que ce bouddhiste, qui fut pieux au nirvâna de Çakya-Mouni, ait pu, sans renoncer à son nihilisme philosophique, adopter, dans la pratique, les manières d'un optimiste confiant.

Jean Lahor eut le souci des masses populaires et de l'aide qu'on peut leur donner ; il s'est préoccupé de leur bien-être matériel et de leur plaisir intellectuel. Il a écrit *les Habitations à bon marché* et *l'Art pour le peuple à défaut de l'art par le peuple.* Il a été un homme d'action.

Il aimait passionnément son pays ; les sophismes de Çakya-Mouni ne l'en avaient pas détourné. Pendant la guerre, quand ses camarades d'art étaient aux avant-postes et quand son ami Regnault se faisait tuer, lui, médecin, soignait les blessés. A Versailles, il fut brave et dévoué ; il fut ingénieux, en outre, quand il installa les malades contagieux dans les appartements de Louis XIV, au château, de telle façon que, circonspects, les vainqueurs ne fussent pas tentés de s'y établir.

Il eut le premier, je crois, l'idée d'une société protectrice des paysages français ; et il témoigna ainsi, une deuxième fois, du patriotisme ardent et vigilant qui l'animait contre les barbares.

D'ailleurs, il était modeste, aimable et bon. Il

a pratiqué simplement des vertus nombreuses, et harmonieuses ensemble, parmi lesquelles il ne dédaigna jamais celles du médecin qu'il avait voulu être et qu'il resta pour multiplier mieux ses bienfaits. Son existence fut gouvernée par un idéal qui venait de l'Inde ancienne et lointaine, qui ne s'est point avili à passer par les artifices de la littérature et qui s'est épanoui dans la vérité contemporaine. Cette bizarrerie, Jean Lahor l'a réalisée avec bonheur, et noblement.

JULES RENARD

Sur la tombe qu'en notre souvenir nous dresserons à Jules Renard, nous graverons : — IL AIMAIT LA LITTÉRATURE.

Ce caractère le distinguait de la plupart des écrivains contemporains. Il était admirable pour cela autant que pour ses livres, lesquels attestent, d'ailleurs, ce goût particulier. Il aimait la littérature pour elle-même, et non pour l'emploi qu'on en peut faire. Je ne parle pas de son désintéressement pratique ; c'est le malheur des temps, qu'on le remarque : un artiste qui travaillerait en vue de profits ou d'honneurs ne mériterait pas sa renommée, acquise trop cher, — son argent, oui. L'erreur que je signale est moins laide, mais extrêmement pernicieuse.

Presque tous nos écrivains, même honorables, ont cessé de croire que la littérature, à elle toute seule, dût être une fin. Il est vrai que plusieurs seraient alors, ou peu s'en faut, perdus : leur simple talent ne suffit pas. Mais ils veulent exprimer des idées ; du moins, ils le disent. Et ils veulent réformer la société, qui est si lasse et qu'on surmène. Ils souhaitent de ne point passer

pour des mandarins : et ils y parviennent, souvent, bien au delà de tout espoir. Quel intimidant
spectacle, la moue qu'ils font et le dédain qu'ils
révèlent, quand ils déclarent :

— C'est de la littérature !...

Mais, pauvres gens, il n'y a rien de plus beau.

Que des politiciens, des hommes d'affaires ou
des apôtres marquent ce grand mépris au jeu
charmant des mots qui font de belles phrases, je
ne sais rien de plus naturel, voire de plus recommandable. Un politicien qui rédigerait correcte-
ment sa profession de foi perdrait, du coup,
maints électeurs ; l'homme d'affaires égarerait sa
clientèle, s'il entendait l'aguicher par un joli discours ; et l'apôtre, qu'il prenne garde au fin
divertissement de l'art. Mais, aujourd'hui, ce
sont, parmi d'autres, les littérateurs qui appellent
littérature l'objet de leur dérision.

*
* *

Cette manie est ancienne. Elle a son commencement au dix-huitième siècle, où florirent ces
philosophes qui n'étaient pas des métaphysiciens.
Puis, à l'époque du romantisme, un poète n'osait
pas trop porter au théâtre ses bonnes folies très
lyriques, sans racheter la courtisane par l'amour,
le bouffon par le sentiment paternel, le valet par
la revendication sociale, très sociale. Ensuite

affluèrent chez nous les écrivains de pays slaves ou scandinaves, de pays jeunes où il fallait encore que la littérature servît comme une arme ou comme un rude évangile. Nous avions adoré *Anna Karénine* : par habitude, nous avons bientôt accepté avec ferveur les prêches de Tolstoï qui, ne plaisantant pas, nous détournait de toute concupiscence littéraire. Et, bref, aux environs de 1890, un écrivain qui n'eût cherché que le plaisir d'écrire était vu d'un mauvais œil. Car il s'agit bien de cela! lui disait-on.

De nos jours, il n'y a plus guère que les vaudevillistes qui soient restés frivoles. Ce n'est pas toujours au bénéfice de la littérature. Et encore aperçoit-on, parmi eux, des prophètes. Les plus modestes revisent le code. Je crois que les lois du mariage, du divorce et de l'adultère modernes ont toutes été préconisées d'abord sur le théâtre et, de coutume, avec gaieté. Cette collaboration du législateur et du vaudevilliste a des inconvénients : les vaudevilles s'alourdissent, en quelque sorte, de méditations inopportunes ; et le code perd un peu de sa gravité naturelle. L'échange ne profite ni à l'un ni à l'autre de ces deux genres, le législatif et le badin.

L'on a dit que Jules Renard manquait d'idées. Alors, félicitons-le. Nous regorgeons d'écrivains à idées. Romanciers, publicistes et les pires pornographes sèment la philosophie avec une facilité formidable. Comme il n'est guère de lois qu'aient

fabriquées nos représentants nationaux et que
n'aient premièrement soumises à leur forte
logique les derniers de nos auteurs gais, il n'est
guère de maladie un peu « sensationnelle »,
comme ils disent, qui n'ait été le sujet d'un
drame, d'une comédie pessimiste ou d'un roman
que les libraires vendent, comme du pain, non à
des médecins, mais à des esprits curieux, très
curieux. Nos sociologues sont plus nombreux
que, dit Eschyle, le sourire des flots.

Or, depuis que nos écrivains se sont établis
penseurs, tout va de mal en pis, dans la littérature. Comme ils répandent des idées, ils ne vont
pas être attentifs aux petites choses du style.
Qu'est-ce qu'un solécisme, pour un conducteur
de foules? Et, si l'on nous comprend, remar-
quent-ils, que nous importe?

C'est bien tentant. Et cette cordiale générosité
satisfait la démocratie montante, comme un
hommage imprévu.

Il est beaucoup plus facile, en outre, de répandre des idées que d'écrire joliment; car les
idées qui suffisent à fonder la réputation d'un
penseur actuel ne sont pas bien extraordinaires,
tandis que le travail de l'écrivain serait son véritable tourment.

Du reste, Jules Renard avait, en politique et
en philosophie, ses idées. Je ne les aimais pas
beaucoup; mais lui les aimait.

Il était, de tout son cœur, anticlérical; et,

principalement, il l'était dans la Nièvre, où, con-
seiller municipal et puis maire, il faisait de la
politique. On n'y peut rien; et il n'y a qu'à le
constater. S'il tenait à ses jolies phrases, il n'était
pas moins attaché au plus vif anticléricalisme.
Et, pour lui, cette foi ne dépendait pas d'une
métaphysique; il ne la présentait pas sous la
forme d'une doctrine sereine : non, il était anticlérical de la façon la plus violente et rude, sans
badinage aucun.

Il prit à cœur les aventures politiques de Chi-
try-les-Mines et de Chaumot, village où il avait
sa maisonnette et où il passait plusieurs mois
chaque année. Il ressentit la « fièvre électorale »,
sans nulle ironie.

Somme toute, il aurait voulu être apôtre, une
sorte d'apôtre. Ses convictions lui inspiraient
une telle assurance qu'il était déconcerté de ne
pas les voir adopter par tout le monde et, notamment, par « les amis ». Alors, il se réfugiait,
avec un peu de colère, avec beaucoup de chagrin,
dans sa certitude.

D'ailleurs, sa certitude, il ne la démontrait pas :
il l'affirmait. Il écrivait : « Je le jure! » C'est le
mysticisme qu'il y a dans toute doctrine, et dans
la sienne. Il la défendait, quelquefois, en logi-
cien, plus souvent en homme d'honneur; et il
posait volontiers la question de confiance.

Il fut maire, de la façon la plus sérieuse. Mais
la politique ne lui apporta que déboires.

Et il écrivait encore : « Ça ne fait rien. J'ai le temps... L'homme de lettres n'est jamais battu et il trouve partout son trésor. »

Mais, si Jules Renard eut des opinions politiques, sociales, philosophiques ou autres, l'historien de la littérature contemporaine n'en saura rien, pourvu qu'il se contente d'étudier l'œuvre de cet écrivain, sans tenir compte d'anecdotes, car un temps viendra peut-être où la critique littéraire s'occupera de son affaire et non pas de tout le reste. Eh bien, l'œuvre de Jules Renard est, si je ne me trompe, étrangère à la politique, à la sociologie et, comme on dit, à la philosophie de notre époque.

Jules Renard accordait à la littérature un soin religieux; il ne se croyait pas dispensé d'écrire par le prétexte de ses opinions. Radical ou socialiste, il écrivait comme les réactionnaires auraient le devoir de le faire, s'ils comptaient parmi nos précieuses et nobles traditions le bel usage de la langue française.

Il suivait le précepte de Quintilien : *Grammatices amor vitae spatio terminetur*; « que ton amour de la grammaire soit limité au terme de ta vie ». Il n'y a pas de meilleure devise, pour un écrivain; et, ensuite, on a du génie, par surcroît, si l'on peut. Mais on n'est pas responsable de son génie, tandis que, si l'on bâcle ses phrases, on est un mauvais ouvrier, un saboteur de ses outils.

* *
*

Jules Renard fut, en son genre, un écrivain parfait. Ou bien, si l'on veut, nous n'avons guère d'écrivains chez qui la corruption du langage français soit, à notre époque, moins visible.

Il avait le souci des mots, comme un peintre a le souci des couleurs qu'il emploie. Les mots, il ne les employait qu'à bon escient. Il s'occupait de leur signification ; il la cherchait et il la découvrait, dans le prodigieux et horrible désordre où nos penseurs les plus féconds et les plus ignorants ont mis notre vocabulaire. Quand il avait écarté tout cela, il était heureux de sa trouvaille ; quand il avait enlevé l'ordure et la gangue, il se réjouissait du diamant qu'il attrapait.

Il prenait les mots dans leur acception vraie ; à cause de cela, je me demande s'il sera long-temps intelligible.

Il recourait à l'étymologie ; et il savait la pre-mière donnée du mot. Et puis, la lente histoire de ces pathétiques syllabes lui enseignait leur bel enrichissement. Les mots ont leur destinée : il la connaissait. De cette manière, ils n'étaient pas pour lui de pauvres étiquettes qu'on pose vite et bien commodément sur les idées. Il les considé-rait comme des réalités vivantes et impérieuses, qu'on ne contrarie pas sans les blesser, qu'on ne brutalise pas sans les tuer. Il ne les détournait pas de leur aventure, de leur fatalité.

Il prenait garde à eux. Il veillait à leur bon voisinage. Il les choisissait avec précaution. Il ne les entassait pas, comme font ces gaspilleurs dont les indulgents critiques vantent « l'abondance verbale ». Et il n'en voulait pas beaucoup à la fois ; mais il les triait.

Il usait d'un vocabulaire assez restreint, à la manière des classiques, — à la manière des bons écrivains ; — et il n'inventait pas, à tout bout de champ, des néologismes, pour aller plus vite. Les mots tout neufs ne valent rien : ils n'ont pas vécu : ils ne savent rien. Ce sont des enfants qui babillent ; on peut les trouver gentils, drôles ; ils n'amusent guère que leur parents. Mais Jules Renard ne se dépêchait pas. Il analysait sa pensée et vérifiait que le mot, pour dire ce qu'il voulait dire, existait. Il travaillait ; et il ne trouvait pas commode de faire le métier qu'il avait choisi ; mais il le faisait.

Jules Renard était fidèle aux justes règles de la syntaxe, qui sont les lois de la logique, et voilà tout. Afin d'être mieux sûr de ne pas embrouiller les idées, il les séparait les unes des autres, nettement ; et il mettait chacune d'elles dans une petite phrase.

Il aimait les petites phrases solides, bien construites, qu'on peut analyser sans peine et dont l'anatomie est apparente au regard d'un connaisseur. Il avait le goût de la concision. Comme il employait le mot juste, il n'avait que faire de cette abondance par laquelle les mauvais écrivains tâchent de cacher leur maladresse.

*
* *

On lui a reproché quelque sécheresse. Mais il fallait bien être un Attique nerveux, pour réagir contre tant d'Asiatiques si gras.

On lui a reproché aussi de ne traiter que des sujets menus. Si je nommais seulement ceux de nos romanciers qui manient de larges problèmes, on verrait comme il eut raison d'éviter leurs fautes. Il fallait réagir contre la sottise de ces idéologues opulents.

Et puis, il n'y a pas de sujets petits ou vastes. Avec ses forces violentes et minutieuses, toute la nature est dans un pauvre paysage de campagne. Un portrait d'Holbein, étroit de cadre, me révèle mieux l'âme des hommes et des femmes que ne font ces portraits somptueux dont l'auteur, peintre d'étoffes, aurait aussi bien pu être tailleur, couturier, que sais-je?...

On a dit encore qu'il manquait d'émotion. C'est que, par exemple, on n'a pas lu, dans le *Vigneron*, la courte et frissonnante histoire du petit bohémien.

Il était un Alexandrin; je le comparerais à Théocrite.

Il dessine et il peint de petits tableaux de réalité, des « idylles ». Il copie ce qu'il voit. Il copie en artiste, non en photographe ; et autant dire qu'il ne copie certes pas : il donne de vives images de ce qui est.

La réalité est tout encombrée de choses inutiles, — inutiles non à son existence ni à sa durée, mais à son agrément ou à sa claire signification. L'artiste supprime ces superfluités ennuyeuses, cette laide bourre. Seulement, alors, ce qu'il laisse ne tiendra plus, dégringolera, se brisera ?... L'artiste doit y prendre garde. Il a défait la réalité ; il doit la refaire. Son rôle est de simplifier, puis de synthétiser. Il réalise des synthèses nouvelles et viables avec des éléments pris à la réalité confuse.

Jules Renard donne à son lecteur l'impression de l'exacte vérité. C'est ainsi que son œuvre est émouvante. Il ne cherche pas à la rendre pathétique par d'autres moyens, par l'invention de péripéties dramatiques, par la vivacité du sentiment, par l'accent du discours. Non, le seul effet qu'il veuille produire, il le demande à l'exacte et simple vérité.

Celle-ci, nous ne la voyons presque jamais. Elle est cachée derrière un grand fouillis de vaines apparences. Le paysage nous est devenu trop familier pour que nous le remarquions. Comme l'oreille cesse de percevoir les sons qui longtemps se répètent avec fréquence et régularité, l'œil aussi néglige la vision qui a trop duré. Il lui faut, pour que son attention soit excitée, de l'imprévu. Il lui faut de l'étonnement; alors, il est averti et regarde.

Le paysan, qui n'a pas vu d'autre horizon, ne voit pas non plus l'horizon de son petit village. Le jeune Virgile, tandis qu'il était à Mantoue, ignorait probablement la nature. Elle lui est devenue sensible quand il fut à Rome et regretta, dans le tumulte citadin, le paix immobile des champs. Il put s'émerveiller; et, dès lors, attentif à son souvenir, il suscita l'image, endormie en lui jusquelà, de la campagne et des entours de son enfance distraite.

Quand tu regardes avec des yeux émerveillés le champ de ton père, c'est probablement que tu y es revenu de très loin, après avoir beaucoup vagabondé dans la nature et dans le rêve.

Mais alors, un paysage vaut un autre paysage. La magnificence ou la bizarrerie des sites n'est pas indispensable. Toute la beauté de la nature est dans le moindre village. Il suffit qu'on regarde, avec des yeux qui sachent s'étonner, les pudiques prairies se voiler, à l'aube, de nuées blanches et courir dans les bois le doux visage de la lune. Il suffit d'un arbre qui se mire sur l'eau; il suffit des chaumières qui, le soir, s'endorment; il suffit des labours qui boivent la pluie.

« Je ne peux pas me figurer, dit Nanette, que les bêtises de notre pays intéressent tes Parisiens! »

Nanette ne sait pas. La vieille Nanette, hélas! est tout usée par l'habitude. Et, à nous aussi, l'habitude a gâté le regard. Il nous faut, pour voir naïvement, le secours de l'art le plus fin, le plus délicat. Et Jules Renard nous est un habile montreur des paysages familiers. Il les découvre : — il les découvre de ce voile que l'habitude quotidienne et séculaire y avait posé.

*
* *

Jules Renard a été le parfait littérateur d'un temps où abondaient et les rhéteurs et les barbouilleurs de toutes sortes. Quand se prodiguent ainsi les primaires, un bon écrivain s'enferme avec plus d'assiduité dans l'amour de son art. Il s'y cantonne; il s'y emprisonne. Têtu, il n'en sortira pas. On l'appellera pédant; et il sera content de l'injure, il en sera fier.

Pendant que hurlera la multitude exubérante, il arrangera de jolis mots en belles phrases.

C'est ce qu'a fait Jules Renard, littérateur.

SWINBURNE

L'Angleterre a perdu le plus illustre de ses poètes contemporains, lorsque mourut Algernon-Charles Swinburne, ancien révolutionnaire de lettres, qui dut longtemps et durement batailler, qui ne triompha point sans peine et qui enfin vieillissait dans une gloire incontestée.

Les novateurs qui ont imposé leur exigence achèvent leur vie tumultueuse en patriarches pathétiques et sereins. Alors, ils sont un exemple significatif et profitable, car ils enseignent à une ardente jeunesse qu'il est bon d'avoir été révolutionnaire et ils enseignent qu'il est inutile de l'avoir été.

Swinburne étudia premièrement à Oxford et il acquit, dans la célèbre et savante université, une remarquable culture classique. On le devine humaniste d'abord. Et son aventure anglaise a quelque analogie avec celle de nos humanistes français de la Renaissance, qui, enchantés de littérature païenne, aboutirent à une sorte de panthéisme joyeux.

Cela est ancien, chez nous ; et, en Angleterre,

assez neuf ou, du moins, récemment renouvelé. Car le cas de Swinburne n'est pas isolé. Un Shelley, par exemple, a subi les mêmes péripéties spirituelles. Comme les Latins et les Grecs, qu'on retrouvait, qu'on inventait, suscitèrent le grand mouvement naturaliste de notre seizième siècle, un Shelley et un Swinburne apparaissent, en notre temps, ainsi que des intelligences en qui travailla, ressuscité, le levain de la pensée antique. Pour entrer dans cette idée, il nous faut faire abstraction du patient, profond et subtil traitement qu'imposa notre dix-septième siècle aux poètes et aux philosophes d'Athènes et de Rome afin de les adapter à notre génie français et à notre civilisation chrétienne. Ils devinrent classiques, à la française; et, ce qu'ils avaient de subversif, ils le perdirent. Mais, en eux-mêmes, pris absolument, ils étaient un germe inquiétant : on le vit bien, dans la France du seizième siècle; et on le vit encore, en Angleterre, quand Swinburne publia ses *Poèmes et Ballades*.

Les poèmes et les ballades de Swinburne, qui parurent en 1866, reprenaient avec liberté les fables de la littérature antique. Ils les interprétaient comme des symboles de la nature, de la matière féconde, de la sensualité première et durable; ils commentaient, avec une superbe abondance, l'invocation à Vénus qui est, dans le poème de Lucrèce, comme l'allégorie primordiale du monde; ils aboutissaient à un pessi-

misme lyrique où les puissances de la vie étaient
laborieusement déchaînées.

La publication des *Poèmes et Ballades* fut un
scandale auquel collabora tout ce que l'Angleterre
avait alors de critiques. Ils accusèrent Algernon-
Charles Swinburne de fonder une abominable
école et qu'ils dénommaient, eux, « l'école de la
chair ». Ils protestaient au nom de l'idéalisme,
au nom du spiritualisme : et l'intention les excuse.
Mais ils n'avaient pas vu que le panthéisme est
une belle et vaste idéologie toute pleine du mystère indispensable et que la matière ou l'esprit,
substances premières conçues comme l'âme universelle, se confondent magnifiquement.

Les *Poèmes et Ballades,* avec la polémique
qu'ils suscitèrent, fondèrent la réputation de
Swinburne, lequel put désormais avancer plus
posément le long de son chemin de gloire.

En 1870, il composa une *Ode sur la proclama-
tion de la république française.* Et, si alors il manifesta des opinions politiques avancées, cette fois
encore il ne fut pas tout à fait un novateur : Shelley aussi avait été républicain. Mais la récente
révolution française ne cessa point de le hanter.

Après cette erreur, il devint de plus en plus
sage. Son génie, qui avait conquis l'indépendance
et la sécurité, se fit moins combatif. Fort de ses
hautaines idées et tranquillisé par la victoire,
Swinburne régna.

Le panthéisme de naguère — en vérité, certes,

et puis surtout dans l'opinion publique — se transforma en un superbe sentiment de la nature. Il apparut que jamais on n'avait chanté la mer si splendidement, avec une telle délicatesse juste et poignante, avec de tels mots imprégnés de grand air, de large humidité, de sel, et sur de tels rythmes pareils au mouvement des vagues, au flux des eaux et au remous des océans.

En 1886, Swinburne publia une *Vie de Victor Hugo*. Il admirait le poète du *Satyre* et, à bien des égards, il pouvait se réclamer de lui. Il est, à sa manière, un romantique, — mais un romantique anglais, qui en outre a subi l'influence directe de Shakespeare et de Shelley et qui a pour contemporains, pour amis, pour frères d'art, les préraphaélites.

Ceux-ci retournaient à la nature par l'intermédiaire des peintres du quattrocento, comme lui par l'intermédiaire de ses lectures d'humaniste. Et ils furent, les uns et l'autre, des artistes en qui le passé suscita de la nouveauté vive.

De même qu'il avait, par les idées maîtresses de sa poésie, surpris et choqué l'Angleterre de 1866, Swinburne déconcerta ses lecteurs par la forme des ses poèmes. Il ne craignit pas d'être obscur; et peut-être, parfois, rechercha-t-il d'être, au moins, difficile. A présent que sont enregistrées les audaces, on le représente comme un grand inventeur de rythmes; il était curieux de belles et nouvelles combinaisons métriques; et il voulait que sa poésie eût un caractère musical.

C'est ainsi qu'après avoir été en grande faveur auprès de nos parnassiens — il collabora au *Tombeau de Théophile Gautier,* — on le vit adopté par nos symbolistes. Ils le tenaient en haute estime. Les jeunes revues, il y a quelques années, le traduisaient volontiers. Il est un symboliste, en effet; et il mérita, par ses qualités, voire par ses défauts, l'hommage des novateurs de chez nous.

Algernon-Charles Swinburne est mort à soixante-douze ans. C'est un grand âge, pour un révolutionnaire. Mais il vivait, à la fin de son existence, fort retiré, dans une gloire chèrement obtenue, dans le calme qui succède aux énergiques et vieilles polémiques.

CHARLES-LOUIS PHILIPPE

Il était pourvu d'une sorte de génie étrange. Il avait gagné, avec peu de volumes, la plus haute estime des lettrés; ceux qui le connaissaient le mieux lui promettaient une destinée magnifique. Une fièvre typhoïde l'a tué, quand il n'avait pas encore trente-cinq ans.

Charles-Louis Philippe était né à Cérilly, petite ville de l'Allier. Son père, sabotier là-bas, eut l'aspect du vieux paysan voûté sur l'ouvrage. Dès sa naissance villageoise, Charles-Louis Philippe, avec son nom bizarrement royal, eut deux compagnes : la maladie et la pauvreté. La première ne le quitta pas beaucoup; et, si elle s'éloigna quelque temps, elle revint pour le mener tôt à la tombe. La seconde lui fut fidèle et jamais ne l'abandonna.

Cela commença par un mal terrible et qu'il a raconté, avec un détail méticuleux et poignant, dans l'un de ses premiers ouvrages, dans ce journal de son enfantine souffrance, *la Mère et l'Enfant*. C'est un petit livre comme on n'en connaît

pas d'autre, si véridique et avec tant de simplicité surprenante, de gracieuse tendresse et de
bonté que la réalité y semble divinisée.

Charles-Louis Philippe s'était d'abord imaginé
d'être polytechnicien. Mais la maladie le laissa
malingre, tout petit et la figure trouée comme
d'un boulet qu'il aurait reçu dans la joue. Il vint
à Paris, mélancolique et occupé du projet d'écrire.
Il s'installa dans l'île Saint-Louis et, désormais,
habita un logement de pauvre.

Il était un pauvre; et il l'était volontiers. Je
suis sûr qu'il n'a jamais fait aucun effort pour
attraper un peu d'aisance. Lorsque apparut son
talent, on lui offrit ceci ou cela : il refusait obstinément. Il avait fondé, avec deux camarades, une
petite revue, *l'Enclos*. Le résultat concret fut
quelques dettes; et, ensuite, la vente de ses
beaux livres servit à ces payements.

Tout de même, pour vivre au jour le jour, il
devint employé à l'hôtel de ville. Maurice Barrès, qui l'admirait, l'y avait aidé. Il fut piqueur
municipal, ou, en d'autres termes, inspecteur des
étalages. On lui avait assigné le septième arron-
dissement, où il y a peu d'étalages; ses fonctions
ne lui imposaient qu'un petit nombre de promenades, par les rues, qu'il examinait pour son art
autant que pour les deux cent trente francs de sa
mensualité administrative.

Il vivait ainsi, infiniment sensible et susceptible
même, naturel et fier, aimé à cause de ses jolis

yeux, de sa drôlerie et de la flamme qui se manifestait en lui.

Il débuta par les *Quatre histoires de pauvre amour*. Et puis ce furent deux nouvelles, *la Bonne Madeleine* et *la Pauvre Marie*. Ensuite, *la Mère et l'Enfant*. La merveille, c'est qu'il n'hésita point et que, dès sa première page, on le trouve tel qu'il sera plus tard. Évidemment, il a bientôt élargi sa manière; les idées affluèrent et l'art s'affina. Mais il n'alla point à droite ni à gauche; et il travailla où, premièrement, il s'était placé. L'étonnant *Bubu de Montparnasse*, *le Père Perdrix*, *Marie Donadieu* et *Croquignole* développèrent avec une pathétique et subtile abondance l'idée qu'il eut, tout enfant, de la vie.

Ce sont de très beaux livres, et non pas réalistes comme on entend ce mot, d'habitude, mais vrais et d'une désolante vérité. Il n'y a guère de livres plus absolument tristes; les autres, de ce genre, mêlent à leurs descriptions un peu de romantisme, ou du pittoresque, ou bien ils affectent d'être encore plus lugubres que de raison : mais ici, ce n'est que la vie qu'on nous présente, et sans nul ornement, la vie toute seule et laide, vilaine, sale. De pauvres destinées soumises à tous les maux de l'esprit, du cœur, du corps, sans énergie pour se tirer de leur turpitude, sans remèdes pour se guérir. Des êtres ignobles aussi, d'une brutalité horrible et d'un scandaleux cynisme; et puis, d'infortunées petites âmes qui sont tombées là sans qu'on sache comment, parce que la vie l'a voulu, parce que c'est ainsi, et il n'y a qu'à le constater avec chagrin; un peu de rêve fleurit encore en elles, un peu de tendresse douloureuse.

Quelquefois, ses amis comparaient Charles-Louis Philippe à Dickens, et encore à Dostoïevski. Je ne sais pas s'ils avaient tort. Il possédait une extraordinaire faculté de vive observation et un don prodigieux de compatir à toutes les douleurs quotidiennes. Douleurs du corps et douleurs de l'âme, les unes et les autres liées par le mystère de l'esprit. Et il était minutieux : il n'omettait rien de nulle misère et, pour la raconter, il n'en épargnait rien non plus à son lecteur. Cette opiniâtreté du peintre aurait été cruelle, si l'on n'eût senti en même temps l'immense pitié qui l'animait.

C'est ainsi que ce réaliste forcené aboutissait tout de même à une sorte de lyrisme. Il y a quelque chose de musical dans la dolente histoire de *Marie Donadieu*.

Avec cela, un style très particulier, tout en images et qui ne se contente pas de noter l'apparence des objets, mais qui aussi veut marquer leur signification profonde. L'apparence, les mots justes et directs suffisent à l'indiquer; la signification profonde, il faut qu'on la donne à deviner : et c'est à quoi invitent les images L'art de Charles-Louis Philippe est double, à cause de cela ; cette dualité le caractérise. Mais il savait en joindre les éléments, comme l'union du corps qu'on voit et de l'âme qu'on pressent compose la vie.

*
* *

Les dernières années de sa courte existence furent occupées à écrire un *Charles Blanchard* qu'il ne put achever à sa guise et dont il laissa plusieurs versions que ses amis ont publiées après sa mort.

C'est une œuvre deux fois émouvante, et par elle-même et comme témoignage de la perfection à laquelle arrivait l'art de cet écrivain. Philippe n'avait rien donné encore de si joliment simple, et de si simple sans nul sacrifice d'idée, de sentiment, d'intention. Ce qu'on a aimé dans ses précédents ouvrages, on le retrouve dans *Charles Blanchard,* sous une forme moins surprenante peut-être, mais plus pure et comme débarrassée de ses « repentirs ».

C'est tout uniment l'histoire des neuf années que dura l'existence d'un petit garçon très pauvre. Il n'y a pas d'incidents ; il n'y a qu'une succession lente et sempiternelle de journées qui, évidemment, ne furent pas toutes pareilles : mais leurs menus changements ne survenaient qu'à de longs intervalles et ils duraient au point de perdre l'agrément de la variété.

La maison de Charles Blanchard n'était pas analogue à d'autres. Les autres maisons se ressemblent : elles sont réunies; on dirait qu'elles se regardent entre elles, ou bien elles se font vis-à-vis « comme dans une partie de plaisir ». Coiffée de chaume, la maison de Charles Blanchard faisait penser « à une vieille femme qui se serait assise à une certaine distance de la route et qui, sur ses yeux, eût rabattu son capuchon parce qu'elle ne s'intéressait plus à ce qui pouvait passer ». Pour Charles-Louis Philippe, les objets ne sont pas inanimés. Une sorte d'obscure intelligence les tourmente, les met en difficile harmonie avec les entours, leur donne l'aspect des sentiments, dont ils deviennent aussi les symboles. Cette philosophie est spiritualiste; elle est, si l'on veut, panthéiste : elle refuse de cantonner le sensible esprit dans les cerveaux humains et elle l'éparpille à travers la réalité universelle.

La maison de Charles Blanchard, une seule chambre : et la tristesse y habitait, avec l'ombre. Une table, trois chaises, dont une bien malade, le lit, la huche, — voilà, en somme, la maison où Charles Blanchard avait sept ans, — « alors qu'il semble que, d'une âme d'un enfant, cent âmes d'enfants s'agitent et veulent s'échapper ».

L'idée des âmes multiples qui composent une seule individualité, on la rencontre souvent dans les ouvrages de Charles-Louis Philippe. Elle est le principe même de sa psychologie. Comme les sentiments se réalisent dans les objets, chacun d'eux aussi, atteignant à sa plénitude dans une âme particulière, y réalise une âme auprès de laquelle se placent les autres sentiments, pareils à autant d'âmes qui s'entendent les unes avec les autres le mieux qu'elles peuvent. De cette façon, la personnalité, qui se dédouble aisément, se multiplie ; des fleurs nombreuses poussent à une seule plante et chaque fleur a sa vie presque indépendante, son épanouissement, son déclin et sa mort.

Les âmes nombreuses de Charles Blanchard avaient toutes leurs désirs à elles. Et l'une s'éveillait, quand le maréchal ferrant, battant le fer rouge, en faisait jaillir des gerbes d'étincelles. Une autre s'éveillait lorsque tintaient au vent les clochettes d'un kiosque chinois qui ornait le jardin de M. Tardy. Et les autres, ensemble ou séparément, s'éveillaient pour « le soleil, l'azur du ciel, les arbres, les prairies, les oiseaux, les chiens, les chats, les chevaux, toutes les choses, toutes les bêtes ».

Mais il avait de mornes journées et qui ne donnaient nul amusement à ses âmes.

Le matin, à sept heures, sa mère le faisait lever ; elle rangeait la chambre, avant d'aller à ses ménages. Elle lui commandait de s'asseoir sur une chaise et de s'y tenir tranquille ; et puis elle partait.

A neuf heures, ayant achevé son premier

ménage, elle revenait, afin de manger un morceau
de pain.

Quand elle revenait, à midi, son deuxième
ménage fait, Charles était content de la revoir; et,
alors, il comprenait que « la vie était faite comme
sa mère ».

Puis on déjeunait, Mme Blanchard de pain
amélioré de fromage, et Charles de pain seulement, car le fromage le dégoûtait. Après ce
repas, Mme Blanchard raccommodait sa robe; et
Charles eut bientôt l'idée qu'à une heure toutes
les femmes ont le devoir de raccommoder leur
robe.

Après cela, Mme Blanchard, debout et comme
désœuvrée pour un instant, regardait le plafond,
regardait les murs, regardait le sol; et puis, ses
yeux s'agrandissaient, une larme en coulait, et
d'autres larmes. Et Charles Blanchard pleurait
aussi.

A huit ans, Charles Blanchard accompagna sa
mère, qui allait demander du pain, des poires,
du fromage; il fut las, sur les routes, qui étaient
dures et pleines de soleil. Ils revenaient, l'enfant,
la mère et le panier. Ils n'osaient pas se reposer
au bord du chemin, « parce qu'ils n'étaient pas
chez eux ».

Charles Blanchard vécut ainsi jusqu'à neuf ans.
Il recevait avec soumission tout le détail de l'existence, les minutes qui tombent avec un bruit
léger, — « qui, lentement, vous recouvrent la

tête, les épaules, les membres et qui, quand le soir vient, vous font sentir que vous portez un fardeau ».

A neuf ans, Charles Blanchard mourut. Il ne fut pas malade ; ou bien, s'il fut malade, il ne le sut pas. Il mourut « de vieillesse », parce que les neuf années qui s'étaient accumulées sur lui avaient été plus longues que des années, plus longues et plus lourdes.

Voilà le dernier récit que Charles-Louis Philippe ait consacré à sa compagne la pauvreté. Il y a mis une continuité subtile, terrible, émouvante, pareille à la continuité des jours que passa Charles Blanchard ici-bas.

Les amis de Charles-Louis Philippe ont voulu aussi publier divers petits fragments qu'on a retrouvés après sa mort, et des parties de sa correspondance, qu'ils ont ajoutés à son œuvre, — un peu comme Charles Blanchard ajoutait à son pain les miettes qui en étaient tombées.

Ses lettres sont fort belles, parfaitement simples, naturelles, véridiques ; et elles nous mènent à lui, à son intimité.

Les premières datent de 1895. Philippe avait alors vingt ans. La vie ne lui était pas commode. Il devait gagner durement les sommes nécessaires. Pour trois francs soixante-quinze par jour, il travaillait dans une pharmacie. Or, quel que fût son amour de la pauvreté, il sentait la gêne à laquelle le condamnaient de si faibles appointements.

Il désirait d'entrer au service des ponts et chaussées : pour cela, il étudiait, le soir, les mathématiques. Il souhaitait, comme on fait à vingt ans, de corriger la société contemporaine, de susciter les classes ouvrières, etc. Et puis, il comptait « élargir » l'art, au moyen de la science.

Un instant, il espéra partir pour le Soudan Et il sut que non : c'était impossible.

Il était malheureux, mélancolique, tantôt curieux de renouveler son existence, et tantôt découragé. Il faisait de fortes lectures. Michelet lui plaisait beaucoup. *Madame Bovary* lui donnait à vivre des jours « gris, monotones comme chaque vie », le souvenir « de temps où nous n'étions pas, mais dont nos sens se souviennent » ; il était satisfait de ce roman que les « aperçus philosophiques » n'encombrent pas et qui réalise de la vérité.

En 1902, au mois de septembre, il est à Cérilly, chez ses parents. Et il écrit à une amie : « Je travaille, le matin. J'avance tout doucement, je fume, je pense, je m'agrandis. L'après-midi, je pars avec un livre dans ma poche et je vais dans la forêt. Il fait frais comme à la source de ma vie... » Ces mots sont charmants ; et voilà

un exemple des sensations qu'il éprouvait et de
la forme qu'elles prenaient spontanément. Du
reste, il considère que la solitude lui est très
bonne. Il n'a point envie de causer avec personne : « Je mûris comme un fruit qui sait bien
que son temps viendra. »

Quand il retourne à son petit village, il vérifie
qu'il n'est plus le même. Il en a quelque effroi,
mais plus de confiance encore, tant l'anime une
certitude vivace et heureuse de s'améliorer, de
se fortifier, d'acquérir une conscience plus nette
de ses volontés, de ses possibilités.

Il a auprès de lui son père et sa mère. Son
père, mon Dieu, le gronde de trop fumer. Mais
il aime cet homme simple et bon. Quand son
père était enfant, on envoya cet enfant chercher
une bouteille de vin. Le marchand négligea d'em-
plir exactement la bouteille. L'enfant, qu'on interrogeait, répondit : « C'est moi qui ai bu ce
qui manque. » Et Philippe remarque : « Il avait
menti, mais son idéal était sauvé. »

Des camarades lui écrivent et, à propos de ses
livres, lui adressent leurs objections. Il s'attriste
de voir que ses meilleurs amis le comprennent
mal, à force de le connaître peu. Il répond qu'il
se modifie; il assure qu'il devient « un homme
très fort » ... Quand on se souvient de sa pauvre
petite personne, de son air chétif et humble, on
s'étonne de tant d'énergie ardente; et l'on admire
la puissance qu'il fallait à cet esprit pour réagir

contre de si terribles conditions. Il y avait une indomptable initiative en ce garçon de trente ans, que ni la misère ni la maladie ne contrariaient.

En 1907, il perdit son père. Alors, il écrivait un livre, — et c'est *Charles Blanchard*, — dont le sujet lui venait des récits du vieux sabotier. Il lui fallut résister contre le chagrin. Il resta quelque temps auprès de sa mère et connut des jours « graves et pleins de beaux sentiments ». Les outils du sabotier disparurent; la boutique fut transformée : et, alors, l'absence du sabotier se manifesta plus évidemment.

Il travailla. Le proche souvenir de son père l'incitait et le protégeait contre l'erreur. Il s'attarda, résolument, à sa mélancolie. La tranquillité qui l'environnait prit, pour lui que la vie n'avait point gâté, l'air d'une sorte de bonheur étrange qui l'étonnait et dans la possession duquel, jour après jour, il s'apaisait. Soudain, cette peur le hantait : si sa mère allait mourir avant lui?... Mais il travaillait.

Il y avait longtemps que le projet d'écrire *Charles Blanchard* et d'y résumer la vie de son père lui tenait au cœur. Même, il s'en était ouvert au vieux sabotier, lequel, obstinément, répondait que non, qu'il n'y avait pas de livre à faire là-dessus : « Ce n'est pas intéressant, disait-il; c'est l'histoire d'un homme qui travaille, il ne lui est rien arrivé d'extraordinaire... » Et justement

Philippe rêvait de réaliser l'âme d'une telle existence, émouvante et belle par elle-même, sans
nul accessoire. Quand le vieux sabotier fut mort,
Philippe écrivit à sa mère : « Je travaille à un
nouveau livre, qui sera sur mon père ; je ne te
l'avais pas dit encore... » Mme Philippe répondit
qu'il ne fallait pas, que son père ne voulait pas
qu'il fît ce livre. Mais Philippe, alors, expliqua de
son mieux que le livre ne serait pas ce que son
père avait pu croire... Il écrivit *Charles Blanchard*.
Il y trouva mille difficultés qu'il n'attendait pas.
Et ce fut un chef-d'œuvre, sans qu'il s'en aperçût.

Les bouts de lettres qu'on a gardés de Philippe
sont parmi les documents les plus précieux qu'on
ait, touchant la création d'une œuvre d'art ; et
j'entends, d'une œuvre d'art véritable, avec
laquelle un écrivain vécut longtemps. Ce livre
que Philippe songeait à écrire, toute sa vie le lui
avait, jour après jour, enseigné ; d'abord, il ne
s'en doutait pas : la conscience vint peu à peu, et
jusqu'à être impérieuse. Dès lors, il possédait
l'âme du livre, non les détails. Et, les détails, il
essaya de se les procurer. Il voulut recueillir des
faits ; et il interrogea son père. Cet effort ne
donna rien ; et sans doute est-ce que son père ne
lui répondait pas beaucoup. Du moins, il le crut.
Mais, principalement, la réalité vivante qu'est un
pareil livre ne se constitue pas ainsi. Cette période
fut, dans les péripéties de *Charles Blanchard*, la
plus mauvaise. Il fallut que mourût le vieux sabo-

tier. Alors, sa mémoire, tout animée du chagrin
de Philippe, valut beaucoup mieux que les récits
et les anecdotes. La pensée première, et lentement formée, se dégagea des tentatives inutiles;
elle se fortifia de la méditation perpétuelle que la
douleur filiale excitait. *Charles Blanchard* sortit
d'un rêve confus et difficile.

Et puis, Philippe est mort avant d'avoir achevé
son œuvre. Il l'avait essayée, commencée et re-
commencée plus d'une fois. On en possède plusieurs textes, bien différents les uns des autres.
Tout cela, en fin de compte, se serait accordé en
une belle synthèse, toute vivante et qu'on devine.

Seulement, il est mort.

*
* *

Ses livres, évoqués tous à la fois, sont un
hymne poignant, fort et ingénieux, — un hymne
qu'on n'avait pas entendu encore, — en l'honneur de la maladie et de la pauvreté, les deux
compagnes qui le suivaient et qu'il aimait. Elles
étaient à son chevet, quand il est mort, — et
aussi la maman malheureuse dont l'adorable
visage est pieusement tracé dans *la Mère et l'enfant,* — et aussi les tendres amis qui avaient
placé en Charles-Louis Philippe une splendide
espérance.

MARK TWAIN

Samuel Langhorne Clemens, illustre sous le nom de Mark Twain, était né à Florida, dans le Missouri, en 1835. Il a composé des romans d'aventures délicieusement compliqués; mais ce qu'il a fait de plus romanesque et de plus aventureux, c'est sa propre existence.

Premièrement, il fut employé dans une imprimerie; et, après quelque apprentissage, il obtint d'être compositeur-typographe. Mais le métier ne lui plut pas, il faut croire. Sans doute n'avait-il pas lu ces pages célèbres, admirables et un peu drôles, où notre Michelet raconte qu'il n'entre pas dans une imprimerie sans éprouver un émoi religieux et sans croire immédiatement aux victoires de l'esprit; ou bien, s'il les lut, peut-être les trouva-t-il plus éloquentes et belles que persuasives. Et sans doute n'avait-il pas lu un singulier poème de notre Auguste Vacquerie, un poème où l'on voit des caractères de plomb se muer en projectiles d'idées; ou bien, s'il le lut, par mégarde, peut-être conclut-il que nos romantiques vous transformaient en symboles de modestes réalités, bien gaillardement. Observateur, il avait vérifié que les caractères typographiques servent indifféremment à mille usages et, par exemple, à l'impression de prospectus parfaitement vulgaires; et on les emploierait à composer de la pornographie, ils se prêteraient volontiers à un tel détournement de leur pudeur naturelle. Indemne de tout mysticisme et sincère, Samuel Langhorne Clemens abandonna bientôt l'imprimerie et n'eut pas le sentiment de quitter un temple.

Il s'établit alors pilote pour bateaux à vapeur. Cette deuxième profession lui procurait une vie moins sédentaire et plus aérée que la précédente, plus variée aussi. Toutefois, il s'en fatigua.

Il cherchait sa voie. Mais il résolut de la chercher autrement qu'en bateau, sur la mer stérile. Donc, il débarqua et devint secrétaire particulier de son frère, qui était secrétaire régional de Nevada. Puis, à Virginia, nous le trouvons journaliste, avec le titre de rédacteur municipal.

C'est à ce moment, paraît-il, que Samuel Langhorne Clemens donna les premiers signes d'un humour que connaîtraient bientôt les deux mondes. Il ne s'en aperçut pas lui-même avec assez de netteté pour s'installer tout de go humouriste; et il continua d'essayer plusieurs vocations.

Le voici chercheur d'or, mineur. Trouva-t-il de l'or? Il trouva, en tout cas, après une loyale tentative, que ce métier-là n'était pas celui qui le garderait.

Il partit pour Hawaï. Là, il fit des conférences et il commença d'écrire sous le nom de Mark Twain. Même il publia un recueil de nouvelles, dont la première donna au volume son titre, un titre assez bizarre, celui de *la Grenouille sauteuse*. On sait que les grenouilles sautent, habituellement; Mark Twain n'était pas fâché de l'affirmer, comme un fait.

Cette *Grenouille* obtint un vif et rapide succès. Les conférences aussi triomphaient, à cause de leur singularité amusante, à cause de leur verve imposante, à cause de leur impétueuse impertinence. Samuel Langhorne Clemens était mort; Mark Twain venait de naître. Le chercheur d'or avait trouvé sa vocation; le typographe se faisait imprimer; le pilote menait ses lecteurs aux extrêmes confins de l'imagination la plus étrange.

*
* *

Cependant, il n'était pas prêt à demeurer paisiblement dans une ville, comme ferait un calme et doux écrivain de l'ancien continent. Les voyages le tentèrent encore; il était curieux de l'univers.

Il s'embarqua pour l'Orient et il y fit une excursion qui dura plus d'un an. Il recueillait là-bas

des anecdotes, des remarques, des paysages. En
outre, il y apprenait une sagesse magistrale, le
bouddhisme et l'ensemble des motifs qu'on aurait de ne pas se lancer dans de folles entreprises.
Il connut la métaphysique du repos ; seulement,
comme il n'était pas un fanatique, il continua de
se tracasser, nonobstant les doctrines.

Tout de même, il revint en Amérique. Il y fut,
assez promptement, éditeur. Mauvaise idée.
Cette maison d'édition, à laquelle il accordait son
soin, périclita si vite qu'une déconfiture s'ensuivit
avec tous les inconvénients, et les ennuis, et les
complications et, en somme, les frais, embrouillés
de remords, qu'entraîne un tel accident.

Se découragea-t-il ? Assurément non. Il résolut
de faire le tour du monde. L'on a vu qu'il aimait
les voyages ; et puis le séjour américain ne lui
était plus agréable ; enfin, il comptait, chemin
faisant, réaliser une fortune qui suffît à l'arriéré,
voire à l'avenir. La merveille, c'est qu'il y par-
vint. Le bouddhisme ne l'avait pas détourné
d'être énergique.

Cette longue incertitude de sa carrière l'avait
mené, tant bien que mal, jusqu'à la date de
1895. Mark Twain, à cette époque, était âgé de
soixante ans. Il se mit en route, avec l'entrain
d'un jeune homme qui souhaite de payer ses
dettes. Pour expliquer la vie de Mark Twain, il y
a son talent et son caractère ; il y a aussi, comme
en toute destinée humaine, le hasard, prince de

nos jours et de nos nuits ; et il y a ses créanciers :
ils composent l'unité de son existence.

On le vit en Europe, dans l'Inde, en Australie,
en Afrique, partout. Et, partout, il faisait des
conférences, avec un succès magnifique. Bref, il
gagna beaucoup d'argent.

Ses livres se vendirent le mieux du monde et
lui valurent, avec l'opulence qu'il désirait, une
extraordinaire renommée.

Ils n'ont pas tous été traduits en français : il
est difficile de faire passer dans une langue étrangère une forme d'esprit toute particulière, non
seulement à Mark Twain, mais à l'Amérique, où
elle a fleuri comme une plante du sol même.
Cependant, on connaît, avec *la Grenouille sauteuse*, *l'Age doré*, *les Aventures de Tom Sawyer*, *le
Prince et le Pauvre*, *le Vol de l'Éléphant blanc*, *la
Vie sur le Mississipi*, et tant de récits où il apportait une ingéniosité souveraine.

*
* *

S'il n'est pas facile de traduire ces livres singuliers, il n'est pas commode non plus d'en définir le délicieux agrément. On l'éprouve ; on a
beaucoup de peine à l'analyser.

Sur l'*humour* des races anglo-saxonnes, beaucoup de très sages personnes ont écrit beaucoup
de fines pages : en dépit d'un si louable effort,
l'*humour* des Anglo-Saxons reste, pour nous, assez

mystérieux; ne l'est-il pas devenu davantage?...
C'est un mélange de plaisanterie et de gravité;
c'est une caricature et c'est un portrait; c'est de
l'énorme gaieté, c'est aussi de la mélancolie pénétrante; c'est de la folie et c'est de la sagesse; c'est de
la moquerie féroce et qui, parfois, dissimule une
véritable tendresse. La soudaine réunion de tant de
contrariétés a pour effet de déconcerter nos esprits
latins; ils ne savent plus ce qu'on leur veut.

Mark Twain invente, comme à plaisir, les plus
impossibles hypothèses; il combine des absur-
dités mirifiques et il leur donne posément un air
de nécessité impérieuse. Cependant, il est un
observateur très diligent; toutes ses hâbleries
reposent sur un fond de réalité concrète et sûre.
On dirait qu'il badine éperdument : et il est un
philosophe. Il semble se divertir à des extrava-
gances : et il est un moraliste.

Enfin, l'humoriste à la façon de Mark Twain
est un écrivain qui refuse de dire les choses directement : il les donne à entendre. Il procède par
insinuation, il recourt à l'antiphrase et à de formidables symboles qui sont comme les excellents
rébus d'une doctrine très réfléchie.

C'est un apôtre qui distrait sa clientèle et qui,
avec mille grimaces plaisantes, lui lance les noix
de la sagesse : mais il faut briser la coquille. Les
personnes, un peu futiles ou maladroites, qui n'y
parviendraient pas, auraient, au moins, passé de
bons moments à un jeu distingué.

Du reste, son apostolat, Mark Twain ne se contentait pas de le confier à ses ouvrages ; il le vivait et il l'enrichissait de son exemple. Il a écrit bien des anecdotes ; il en a joué, dans le quoditien de la vie, de tout aussi remarquables et concluantes. Elles étaient aussitôt racontées par toute l'Amérique, commentées avec une joie curieuse, télégraphiées dans l'univers entier, qui les accueillait avec bienveillance et ne les comprenait pas toujours à merveille.

Et c'est ainsi que cet humoriste acquit, en son pays, la situation d'un patriarche. Ce qu'il avait écrit, ce qu'il avait dit et fait, devenait l'admiration générale. En d'autres temps, il eût fondé, sans le vouloir, une secte puissante ; il eût été une sorte de prophète, un Bouddha plus gai, aussi raisonnable que l'autre.

Cela, si l'on y réfléchit, ne doit pas surprendre. Un humoriste a son rôle très important et voire auguste à jouer, parmi les maîtres de la pensée active. Il représente les droits logiques du badinage, qui est au bout de la dialectique. Et il complète ainsi l'œuvre des métaphysiciens. Il est, auprès d'eux, comme un joueur de flûte, chargé de divertir et les bâtisseurs de systèmes et les spectateurs de ces entreprises hardies ; il sait aussi, en cas d'écroulement, consoler les uns et les autres.

HENRI POINCARÉ

Aux époques un peu énergiques d'autrefois, je crois qu'on aurait signalé M. Henri Poincaré comme un personnage diabolique. En effet, il est le plus grand mathématicien de son temps ; et il ne croit plus aux mathématiques. Il est allé plus loin que personne dans la connaissance des lois que la science peut établir ; et il révoque en doute la valeur absolue de la science. Son génie s'est élevé plus haut que nul autre dans la contemplation de l'organisme intellectuel du monde ; et, de là-haut, il a méprisé toute cette idéologie calamiteuse. Il y a là, si je ne me trompe, les deux signes de l'ange maudit.

Les choses, de nos jours, s'arrangent assez bien pour que M. Henri Poincaré ait reçu de ses contemporains la récompense, au lieu d'un châtiment, la récompense de la gloire. Il appartient à quelque trois douzaines d'académies, voire à l'Académie française. Ses livres austères se vendent aussi bien que des romans un peu légers. Les petites femmes qui ne savent rien sont au courant de sa renommée.

*
* *

C'est un homme des plus singuliers, que ce grand homme.

On le rencontre quelquefois; même, on dîne avec lui : car il ne dédaigne ni la promenade ni les réunions... On croit qu'on le rencontre et on croit qu'on dîne avec lui; mais il n'est pas là, il est ailleurs. On dirait qu'il marche, on dirait qu'il mange; mais ce n'est pas lui : c'est l'apparence de lui, ce corps, — comme cette tête n'est, en somme, que l'endroit où des idées qui viennent de loin ont l'habitude de s'assembler, voilà tout.

D'ailleurs, son visage n'indique pas évidemment qu'il se passe là d'extraordinaires aventures dialectiques. Il faut le savoir. Mais lui, qui le sait, veille à bien accueillir l'arrivée merveilleuse des idées; et, attentif au jeu que font entre elles ces colombes mystérieuses, il semble extrêmement distrait du reste.

Un jour, il présidait un congrès de savants. Du moins, il était assis au fauteuil présidentiel. Et les discours allaient leur train; mais lui, songeait à des mathématiques. L'orateur fit le bel éloge d'Henri Poincaré. Alors, tous ses collègues d'applaudir. Comme il n'était pas du tout à ce qu'on disait, un réflexe voulut qu'il applaudît lui-

même à son éloge. On dut l'avertir. Il fut un peu
surpris, cligna des yeux et puis se remit à
songer.

Il est un de ces rares esprits pour lesquels le
monde extérieur n'existe à peu près pas.

A l'Académie des sciences, peu de mois après
la mort de Pierre Curie, il prononça l'éloge de ce
savant. Et il parla du radium, qui bouleversait la
physique. Mais il refusa de mentionner les appli-
cations médicales de ce métal étonnant. « Je
n'aime pas, dit-il, à aborder les questions pratiques, parce que je me sens un peu naïf et que
j'ai toujours peur de faire de la réclame mal à
propos et de faire le jeu de quelque trust! » Il
dit cela, il annonça qu'il se sentait un peu naïf,
avec tant de sincérité alarmée qu'il en était touchant, et magnifique : simplement, il avait constaté un fait assez incommode pour lui, et dont il
n'était pas humilié cependant.

Il a conscience de ne pas vivre dans les contin-
gences de la réalité. Un peu plus tard, au cours
de cette même harangue, il disait en passant :
« Nous autres pour qui le temps ne compte
pas... » Ces esprits-là sont situés hors du temps
et hors de l'espace. Ils vivent et ils travaillent
sous les espèces de l'éternité.

A cause de cela, ils ne nous sont pas intelligibles très facilement.

*
* *

Le jour que l'Académie le reçut, il fallut voir cet homme de génie.

Il avait, comme un auteur mondain, comme un dramaturge, fait salle comble. Et l'on put se demander si les mathématiques n'allaient pas être à la mode, cet hiver-là, si un snobisme nouveau n'était pas sur le point de fleurir, le snobisme de l'algèbre : on doit tout espérer d'une époque telle que la nôtre et si déraisonnable que sa futilité la conduit parfois à de graves pensées.

M. Frédéric Masson présidait. Il regardait avec stupéfaction ce mathématicien qu'il n'avait pas prévu et qui, même en habit brodé, l'épée au flanc, ne ressemblait pas du tout à un maréchal de Napoléon; il regardait avec une admiration toute pleine de surprise ce maréchal de mathématiques qui avait poussé ses conquêtes plus loin que personne, mais dans des pays extrêmement suprasensibles.

Timide, mais s'étant, parut-il, préparé à une bravoure immédiate, Henri Poincaré arriva, resta debout, prit les feuillets de son discours; et il allait commencer sa lecture, mais on l'engagea bientôt à s'asseoir : la séance n'était pas ouverte.

Elle le fut, par l'initiative de M. Frédéric Masson.

Le plus grand des mathématiciens d'aujour-d'hui ne lut pas mal son discours; et l'on entendait bien sa voix, tant il faisait un effort zélé pour ne pas oublier la circonstance et pour mettre le ton. De temps en temps, on eut le sentiment qu'il pensait à autre chose et que son esprit s'évadait vers des algèbres préférées ou des mécaniques célestes. Alors, sa voix traînait sur les phrases et le discours était une mélopée un peu longue. Mais, soudain, M. Poincaré se rappelait son aventure présente : et alors, il prenait le ton le plus dégagé, le plus familier. Ce fut touchant et amusant.

Quand une page était finie, je crois qu'il en avait beaucoup de joie. Il la jetait derrière lui, avec empressement. Plus tard, ayant achevé son discours, il s'assit sur tous ces feuillets, avec une vive satisfaction.

A propos de Sully-Prudhomme, son prédécesseur, il eut à formuler quelques opinions, touchant l'amour. Il dit, par exemple : « Ce sont les femmes qui, de tout temps, ont fait chanter les poètes, en les faisant pleurer. » Cette petite remarque, et non cette découverte, eut son prix, quand elle vint d'un mathématicien qui, parmi les plus difficiles équations et les plus lointaines inconnues, n'a pas trouvé de cruelles. Belles mathématiques, qui ne font pas pleurer leurs fidèles!...

M. Henri Poincaré lut avec cœur des vers d'amour :

> Madame, vous étiez petite,
>   J'avais douze ans.
> Si j'adorais, trop tôt poète,
>   Vos petits pieds,
> Trop tôt belle, vous me courbiez
>   La tête.

Mais il semblait bien étonné de ce qu'il lisait.

Il parla de la science, avec une compétence plus assurée. Il fut modeste, pour elle, et assura que jamais elle ne porterait atteinte au mystère : « Si loin qu'elle pousse ses conquêtes, son domaine sera toujours limité. » Bonne réponse à des gens qui, entichés de leurs petites trouvailles, annoncent qu'il n'y a plus de mystère pour eux. Ils disent que la science est faite ; mais la science les a refaits.

Quand on a réduit les mathématiques à leurs vraies possibilités, on ne se laisse pas imposer par les menues déclarations de quelques positivistes pressés.

Qu'est-ce que la réalité? — Une image; et, cette image, « nous l'avons faite à la mesure de notre entendement ». Ainsi, la réalité n'est pas une brute ; et nous pouvons demeurer près d'elle.

Au sujet du *Bonheur,* de Sully-Prudhomme, M. Poincaré observa : « Dans une langue bien faite, les adjectifs *heureux* et *malheureux* ne devraient avoir ni positif ni superlatif, mais seule-

ment un comparatif; et peut-être en est-il ainsi
de tous les adjectifs... » Mélancolique pensée d'un
chercheur d'absolu, que l'absolu a déconcerté !

*
* *

On n'ose point aborder tout de go la philosophie d'un Henri Poincaré. Il faut nous y ache-
miner par des routes, un peu longues peut-être,
mais moins difficiles que l'escalade.

Un jour, M. Henri Poincaré décida de traiter
ce beau sujet : l'invention mathématique. Pour
cette étude de psychologie, il eut recours aux
expériences et aux constatations qu'il avait pu
faire sur lui-même. Il procéda ainsi avec une
exquise simplicité. Il avait choisi son cas parce
qu'il n'en connaissait aucun autre également
bien. Et il le décrivit, en observateur détaché. Ce
fut sublime et ingénu.

(Je crois qu'à présent il n'y a plus guère que
deux sortes de personnes qui soient tout à fait
recommandables et qui soient, en outre, angé-
liques : ce sont les vieilles filles bienfaisantes et
les savants. Ceux-ci et celles-là ont un même
don paradoxal de l'abnégation : le dévouement
à la vertu et le dévouement à la science produi-
sent à peu près le même résultat final, une infinie
gentillesse du cœur et de l'esprit, une naïve audace, une humble fierté.)

M. Poincaré, appréciant sa mémoire, dit qu'elle n'est pas mauvaise, mais que pourtant elle ne suffirait pas à faire de lui un bon joueur d'échecs.

Que se passe-t-il, quand M. Henri Poincaré travaille? Il le raconte. Voici l'histoire de son premier mémoire, qui traitait des fonctions fuchsiennes.

Qu'est-ce que c'est que les fonctions fuchsiennes? Laissons cela. Je ne le sais pas depuis assez longtemps pour l'expliquer un peu clairement. D'ailleurs, il n'est pas indispensable de le savoir.

Depuis quinze jours, M. Poincaré s'efforçait de démontrer qu'il ne pouvait exister aucune fonction analogue à ce qu'il a ensuite appelé « fonctions fuchsiennes ». Un soir, il prit du café noir. Ce n'est pas son habitude. Ayant pris du café noir, il ne put s'endormir. Et, au matin, il avait établi l'existence d'une classe de fonctions fuchsiennes. Il n'eut qu'à rédiger les résultats qu'il avait, pendant son insomnie, imaginés : cela ne lui demanda que quelques heures.

Merveilleuse tasse de café noir! Du reste, il ne faut rien conclure de là, pour le café : tant de tasses de ce malicieux breuvage ont été prises sans qu'il en résultât aucune mathématique!... M. Poincaré lui-même nous met en garde contre l'abus que nous serions tentés de faire d'un tel exemple... Il se souvient de « cette nuit d'exaltation où il travaillait comme malgré lui » ; mais

il assure qu'il n'est pas nécessaire qu'une extrême
activité cérébrale soit causée par un excitant physique. Bien !...

Ensuite, M. Poincaré voulut... je n'ose pas le
dire... il voulut représenter ces fonctions qu'il
avait établies, « par le quotient de deux séries ».
Ce n'est pas facile à entendre, je l'accorde. Rete-
nons seulement ceci : il voulut faire une chose
mathématique très extraordinaire. Cette idée
était, en lui, « parfaitement consciente et réfléchie ».

A ce moment-là, il habitait Caen. Un jour, il
partit avec des amis pour une course géologique
organisée par l'École des Mines. Diversion : les
péripéties du voyage lui firent oublier ses travaux
mathématiques. A Coutances, les voyageurs mon-
tèrent dans un omnibus, en vue de quelque promenade. Or, à l'instant où il mettait le pied sur
le marchepied, l'idée subite le frappa, que les
« transformations » dont il avait fait usage pour
définir les fonctions fuchsiennes étaient identiques à celles de la géométrie non euclidienne.

Pour nos ignorances, n'est-il pas terrible de se
dire qu'on peut monter en omnibus dans ces
conditions-là? M. Poincaré monta en omnibus;
et, abandonnant son idée, il se mit à la conversation des autres. Les autres ne savaient pas qu'il
eût en réserve, dans sa tête, une belle idée qui,
plus tard, fleurirait et serait féconde. Ils le regar-
dèrent et ils causèrent avec lui, comme les autres

jours, sans précautions particulières. Et lui non plus ne prenait pas de précautions particulières à cause de son idée, parce qu'il la savait en bonne place et que, tout de suite, elle lui avait donné le sentiment de la certitude. Il fit sa promenade ; il accomplit jusqu'au bout cette excursion géologique qu'il avait entreprise.

De retour à Caen, il vérifia les résultats à tête reposée, « pour l'acquit de sa conscience ». Ensuite, il aborda plusieurs questions d'arithmétique, qui ne donnaient rien et qui ne paraissaient pas liées à ses recherches antérieures. Insuccès. Et cet insuccès le « dégoûta ». Donc, il alla passer quelques jours au bord de la mer et pensa à tout autre chose. Un jour, il se promenait sur une falaise. L'idée lui vint, brève, soudaine et certaine, que « les transformations arithmétiques des formes quadratiques ternaires indéfinies étaient identiques à celles de la géométrie non euclidienne ». Les promenades de M. Henri Poincaré sont de terribles choses !...

Après avoir passé quelques jours au bord de la mer, il revient à Caen. Il réfléchit à sa trouvaille et il en tire les conséquences. Quelles conséquences !... D'idée en idée, il est conduit à un projet superbe. Il aborde, l'une après l'autre, toutes les fonctions auxquelles il a affaire. Il en fait le siège systématique. Il enlève, l'un après l'autre, tous les « ouvrages avancés », — tous, sauf un qui lui résiste et duquel dépend le sort de la place. Cela résiste ; l'assiégeant s'obstine : ses efforts ne servent qu'à lui « mieux faire connaitre la difficulté ». Et il déclare que tout ce travail était parfaitement conscient.

Mais alors, il dut s'occuper d'une tout autre stratégie. Il se rendit au Mont Valérien, pour y accomplir son service militaire. Désormais, il eut, comme il dit, « des préoccupations toutes différentes ». Et on le devine au maniement d'armes. Seulement, tandis que son esprit conscient s'occupait d'artillerie, son inconscient n'oubliait pas du tout les fonctions fuchsiennes.

Un jour, il traversait le boulevard. Il était, en apparence, un militaire semblable à tous les militaires qui traversent un boulevard. Tout à coup, la solution de la difficulté qui l'avait tourmenté jusqu'alors lui apparut avec une clarté merveilleuse... « Je ne cherchai pas à l'approfondir immédiatement et ce fut seulement après mon service que je repris la question. »

Mais il avait tous les éléments du problème ; il ne lui restait qu'à les assembler et à les ordonner. Il rédigea son mémoire définitif, « d'un trait et sans aucune peine ».

Voilà les faits ; et voici leur interprétation.

M. Poincaré sépare avec soin l'activité consciente et l'activité inconsciente — ou subconsciente — de son esprit. Des anecdotes qu'il a racontées, il résulte que la trouvaille est produite par un hasard vulgaire, par une circonstance à peu près insignifiante : la subconscience travaillait et l'œuvre apparaissait subitement.

Qu'est-ce que l'invention?... Elle ne consiste pas à faire des combinaisons nouvelles au moyen d' « êtres mathématiques » existants et déjà connus. Ce serait peu de chose et chose facile. Par exemple, le procédé de l'addition étant trouvé, il existe une infinité d'additions qu'on peut faire et qu'il n'y a ni invention ni intérêt d'aucune sorte à faire. Il faut choisir; inventer, c'est choisir.

Comment choisir? C'est le fait d'une « illumination subite » ; M. Poincaré la considère comme le signe manifeste d'un long travail inconscient.

Mais le travail inconscient de l'esprit est soumis à de certaines conditions. Il est la récompense d'un travail conscient et volontaire. On ne le voit guère se produire et, en tout cas, il ne se produit d'une manière efficace que s'il suit une période d'efficacité laborieuse. Les « illuminations subites » n'arrivent qu'après des journées d'effort, journées pénibles souvent et d'autant plus pénibles qu'on a pu les croire infructueuses, journées pendant lesquelles, sans le savoir, on « mettait en branle la machine inconsciente », qui, autrement, n'eût point marché.

Après comme avant l'illumination subite, il faut une période de travail conscient : on en vérifiera la valeur, on en étudiera les résultats, on les ordonnera, on les rangera, on en déduira les conséquences. Ce sont les journées de récolte.

Concluons, provisoirement. Le moi inconscient, — qu'il est plus prudent d'appeler subconscient et qu'on appelle aussi subliminal, — ce moi dont l'activité merveilleuse échappe à notre connaissance directe, a un rôle considérable dans l'invention mathématique.

Il a un rôle considérable dans toute notre activité, un rôle perpétuel dans le quotidien détail de notre existence. Si nous étions réduits à l'aide que nous donne notre claire conscience, nous serions bien dépourvus!...

Alors, quelle situation n'allons-nous pas faire au moi subliminal? Ou, en termes plus modestes, quelle efficacité n'allons-nous pas attribuer à l'activité secrète, involontaire et quasi spontanée de l'esprit?

« Le moi subliminal n'est-il pas supérieur au moi conscient »? demande M. Henri Poincaré.

Oui, répondrais-je volontiers. Cette hypothèse, je l'adopterais : elle me semble concorder extrêmement bien avec les faits. De plus en plus, à mesure que les travaux scientifiques des psychologues donnent un plus grand nombre de résultats, nous apercevons mille raisons nouvelles d'abandonner la théorie cartésienne des idées claires et distinctes. Les idées claires et distinctes ne sont pas l'essentiel, mais seulement la rare et presque hasardeuse exception; et l'on chercherait dans l'inconscience (ou la subconscience) l'essence même de l'esprit.

M. Poincaré n'aime pas cela. Il n'accepterait cette hypothèse qu'à la dernière extrémité; il ne l'accepterait pas sans répugnance.

Je ne sais pas d'où vient sa répugnance. Il n'accorde pas au moi subliminal l'honneur de tout le travail : l'inconscient présente les phénomènes et la sensibilité choisit.

La sensibilité? En mathématiques?... Oui! Et, si l'on niait son importance, on négligerait donc « le sentiment de la beauté mathématique, de l'harmonie des nombres et des formes, de l'élégance géométrique », — « véritable sentiment que tous les mathématiciens connaissent ». Alors, les combinaisons utiles sont justement les combinaisons les plus belles.

Tel est, pour un Henri Poincaré, le mécanisme profond de l'invention mathématique. Il y a un attrait magnifique à entrer un peu dans le mystérieux secret du génie.

*
* *

Arrivons à la philosophie générale.

Qu'avons-nous à faire ici-bas? La recherche de la vérité est seule digne de notre activité intelligente. On peut aussi se proposer de soulager l'humanité des souffrances qu'elle endure... Mais

quoi? c'est là un idéal négatif; et, si notre activité
ne devait que supprimer la souffrance humaine,
le mieux et le plus expéditif comme le plus sûr
serait de supprimer le monde. Or, une activité
qui s'anéantit elle-même ne vaut rien. Avec une
admirable tranquillité d'âme et une impérieuse
rigueur logique, Henri Poincaré conclut : « Si
nous voulons de plus en plus affranchir l'homme
des soucis matériels, c'est pour qu'il puisse employer sa liberté reconquise à l'étude et à la contemplation de la vérité. »

Ces formules sont terribles, qui, en termes si
simples, énoncent un devoir si impérieux, si
occupant, si grave, qu'il emplit toute l'existence
et n'y laisse aucune place pour l'amusement, le
badinage, la tendresse et, enfin, le hasard!...
Elles sont belles, de dogmatisme et d'abnégation.

Mais l'affaire devient tragique.

Voici, en effet, Pilate qui demande : « Qu'est-
ce que la vérité? » Il faut, ici, qu'on réponde;
quand on exige que la vie soit tout entière consacrée à la recherche de la vérité, quand on
réclame ce sacrifice, il faut qu'on dise ce que
c'est un peu que cette vérité.

Or, la vérité métaphysique n'a point encore
donné de certitude; peut-être n'en comporte-
t-elle pas. Quant à la vérité physique, on saisit
quelques détails; mais, pour l'ensemble, elle apparaît comme étant sous la dépendance d'une vérité
métaphysique qu'on ne réussit pas à posséder.

Reste la vérité mathématique, la seule qui se présente comme un absolu. Le scepticisme le plus acharné, celui-là même qui refuse sa créance à la méthode expérimentale autant qu'aux rêves intuitifs, admet la valeur intangible de la déduction mathématique. Soit un petit nombre de propositions évidentes, une juste dialectique en tire une chaîne de propositions nouvelles. Ce déroulement se fait selon d'incontestables règles. Et, d'abord, on ne voit pas trop où se glisserait le doute.

Ainsi, la vie humaine n'aurait pas d'autre objet que la recherche de la vérité ; et, cette vérité, l'esprit humain la trouverait dans l'ordre mathématique.

C'est une vérité austère, étrangère à la réalité concrète, une vérité nue, dépourvue des agréments d'ici-bas, mais une vérité souveraine en son ascétisme autocratique.

*
* *

Eh ! bien, c'est, en fin de compte, cette vérité-là, qu'Henri Poincaré, son ami et son maître, va réduire à n'être plus qu'une opinion, je ne dis pas individuelle, mais humaine.

Pour que la vérité mathématique eût une valeur absolue, il faudrait que cette valeur absolue fût le caractère et des axiomes qui sont le point de départ de toute déduction mathématique et de la loi suivant laquelle est faite cette déduction.

Or, les axiomes ne comportent pas une autre signification que celle que leur donne l'évidence; l'évidence, c'est-à-dire la manière que nous avons de les regarder comme vrais. L'évidence implique un rapport : les axiomes ne sont pas évidents en eux-mêmes, ils sont évidents à nos yeux. En d'autres termes, l'évidence des axiomes dépend de nous, et non de chacun de nous, mais de la qualité même de notre réceptivité mentale.

Nous admettons — nous sommes naturellement obligés de l'admettre — que la ligne droite est le plus court chemin d'un point à un autre. Mais, concevez l'esprit humain sous la forme d'une punaise infiniment plate et qui se meut sur une sphère parfaite : alors, dit M. Poincaré, le plus court chemin d'un point à un autre sera, pour cet esprit, non pas la ligne droite, dont il n'a pas l'idée, mais l'arc de cercle. Et toutes les propositions qui dérivent de la ligne droite considérée comme le plus court chemin d'un point à un autre n'auront désormais qu'une valeur humaine, qu'une valeur relative.

Nous admettons que l'espace a trois dimensions, hauteur, largeur et profondeur; et toute la géométrie euclidienne est basée sur cette notion des trois dimensions de l'espace. Mais ce choix des trois dimensions n'est-il pas arbitraire?...

« Quelqu'un, dit M. Poincaré, quelqu'un qui y

consacrerait son existence pourrait peut-être arriver à se représenter la quatrième dimension... »
L'empêchement, c'est l'éducation préalable que nous avons reçue.

Alors, demandez à M. Poincaré si la géométrie euclidienne est vraie. Il vous répondra que cette question n'a pas de sens. Autant, remarque-t-il, demander si le système métrique est vrai et si les anciennes mesures sont fausses. A la géométrie euclidienne il accorde une supériorité : elle est « plus commode » qu'une autre. L'esprit humain lui est plus favorable qu'à une autre. Mais contient-elle plus de vérité qu'une autre ? Correspond-elle à une réalité quelconque ?... Ces questions ne se posent pas : elles sont vides de signification.

Voilà, pour les axiomes et les principes de la vérité mathématique. Quant à la méthode, elle n'a pas une rigueur mécanique. Henri Poincaré conçoit la mathématique comme un art autant que comme une science. Il a montré qu'à son avis l'invention mathématique dépendait de la sensibilité autant et plus que du pur et simple raisonnement, et que l'imagination y collaborait de la manière la plus efficace.

*
* *

Ainsi, le scepticisme de ce mathématicien atteint la substance même des mathématiques.

Il se défend d'un scepticisme véritable en faisant observer qu'il ne dit pas que tout cela soit le jeu de notre caprice individuel. Non ; la vérité mathématique dépend de la structure de l'esprit humain, lequel est une réalité durable et générale. Tout de même, nous concevions la vérité mathématique comme un absolu, et la voici relative à « notre » science !...

Il y a quelque analogie entre la philosophie mathématique d'Henri Poincaré et la philosophie générale de Kant. Avant celui-ci, un David Hume et d'autres s'amusaient à montrer les antinomies de la raison, l'irréalité des principes métaphysiques. Avant Poincaré, des géomètres ingénieux, jonglant avec les possibilités rationnelles, organisaient à plaisir des géométries de paradoxe. Kant et Henri Poincaré ont transformé ces badinages en doctrine et, sceptiques qui s'efforcent de limiter le désastre, ils ont, en quelque sorte, déterminé, immobilisé en système la notion de la relativité universelle.

A cet égard, ils ne sont pas des sceptiques : ils sont les ennemis du scepticisme envahissant.

*
* *

Mais, en dépit de tout, quelle aventure, si la vérité mathématique elle-même nous manque, elle que nous considérions comme le dernier refuge de notre certitude pourchassée!... Ce qu'on pourra nous dire de la valeur d'une réalité humaine ne nous consolera pas. L'expérience, nous le savions, ne nous transmet que des renseignements imparfaits, où intervient la qualité de nos sens; et ainsi nous savions que toute notre connaissance du monde sensible souffrait de cette tare essentielle. Nous n'avions pas beaucoup d'espoir de voir jamais une vérité métaphysique se constituer : ici intervient la qualité de notre raison, comme, dans la connaissance du monde expérimental, la qualité de nos sens. Mais il nous semblait qu'avec les simples, rudes et peut-être insignifiantes vérités mathématiques, nous touchions à un peu d'absolu. Eh! bien, non : ici encore, nous sommes emprisonnés et nos regards n'atteignent qu'à travers des vitres qui le déforment le spectacle des hypothétiques réalités.

Relisons maintenant ces lignes d'Henri Poincaré : « La recherche de la vérité doit être le but de notre activité; c'est la seule fin qui soit digne d'elle. »

Elles sont stoïquement belles, ces lignes.

A moins qu'alors on ne trouve que le badinage reprend ses droits et qu'il y a un aimable et judicieux recours dans la frivolité suprême de l'esprit.

MONSEIGNEUR DUCHESNE

La première fois que j'ai vu, il y a bien des
années, M. l'abbé Duchesne, — il n'avait pas
encore reçu le titre de Monseigneur, — c'était en
Bretagne, pendant des semaines de vacances. Il
passait les beaux jours de l'été dans sa maison
natale de Saint-Servan : une maison basse et
longue, bâtie de telle sorte qu'elle tourne le dos à
la mer et aux vastes horizons pour regarder, de
l'autre côté, un paysage plus précis et charmant,
la tour Solidor et la jolie baie de la Rance.
Retraite aimable et sage, pour qui se consacre à
étudier le *Liber pontificalis*.

J'étais, à peu de distance de là, sur une plage
où se trouvait aussi le savant parfait, l'impeccable commentateur de Saint-Simon, le délicieux
Arthur de Boislisle. L'abbé Duchesne et Arthur
de Boislisle étaient collègues de l'Institut. Pour
aller déjeuner chez un autre de leurs collègues,
Georges Perrot, qui était installé aux environs de
Cancale, nous sommes partis, un matin. Il fallut
prendre, à Saint-Malo, la diligence. Et il fallut
grimper sur l'impériale, l'abbé Duchesne récla-

mant le grand air marin, la douce vue de la campagne bretonne et tout cet amusement d'une gaie
promenade. Il fallut grimper, l'abbé Duchesne
qui manœuvrait bien sa soutane, M. de Boislisle
qui était le plus gracieux des géants, et moi qui
les suivais.

M. de Boislisle m'avait dit :

— Vous verrez... Personne n'a autant d'esprit, personne n'est aussi amusant que l'abbé Duchesne !...

L'avouerai-je? cela m'avait mis en défiance ;
et, comme je ne tiens guère aux prêtres dont on
vante les idées larges et la bonne humeur, je
répondis :

— J'aimerais mieux un rude inquisiteur.

J'aimai beaucoup mieux l'abbé Duchesne !...
Tout de suite, je subis le charme de la conversation la plus finement mesurée, la plus brillante
avec le plus de modestie et de goût. L'abbé Duchesne nous raconta mille histoires. Il avait
d'excellentes anecdotes relatives au très savant
d'Arbois de Jubainville : le vieux et rude celtisant
s'y dressait, érudit admirable, solitaire, dur et
qui avait l'imagination d'un héros, figure aux
traits vigoureux, âme violente, divertissante et
noble. Tout le long du chemin qu'il y a de Saint-
Malo à Cancale, l'abbé Duchesne nous enchanta.
Ses propos avaient l'agrément d'une gaieté qui
s'était fixé à elle-même ses limites et qui, pour y
demeurer, ne s'efforçait pas ; une gaieté natu-

relle et qui jamais ne contrariait l'exigence qu'il faut qu'on ait pour un prêtre ; et pourquoi ne pas dire une gaieté de prêtre, cette allégresse que doivent, en effet, donner la pureté de l'âme et une sorte de sainteté ?

Saint François d'Assise était plus gai que personne.

Et puis il n'y a rien de plus aimable et de plus touchant que l'exacte justesse du ton.

*
* *

Quelques années plus tard, j'ai rencontré Mgr Duchesne à Rome, où il était déjà directeur de l'École française. Il gouvernait ses jeunes érudits avec une autorité douce, une bienveillance attentive, un soin paternel et magistral. Son prestige lui valait de régner sans peine.

Un jour, à peu de distance du palais Farnèse, je l'ai aperçu qui avait l'attitude d'un bon Samaritain. Voici. Le grand Mommsen était à Rome. Je me le rappelle comme un vieux savant, joyeux et bourru, ami des chopes ainsi que de la science et qui gardait, la gloire venue, les manières d'un étudiant germain. Il avait le visage rasé, des cheveux blancs qui, sur les oreilles, s'échappaient en touffes ébouriffées ; derrière les lunettes, des yeux très vifs, perçants et durs ; une bouche grande et fine, mobile, malicieuse et parfois méchante ; le crâne très beau, solide et large. Il marchait, d'habitude, à petits pas secs ; et il rudoyait tout le monde. Le grand Mommsen était venu à Rome pour travailler dans les bibliothèques. Seulement, les bibliothèques de Rome ne sont pas ouvertes sans cesse : au plus menu prétexte, — *E chiuso, signor.* Ce jour-là, imaginons qu'en l'honneur de quelque anniversaire royal ou bien pour quelque fête religieuse, les bibliothèques étaient fermées. Alors, Mommsen avait cherché le divertissement d'une promenade. Dans son pays, selon la coutume de chez lui, le bon Germain buvait pas mal de bière. Et, à Rome, ce jour-là, faute de bière, il avait bu pas mal d'orvieto ou de chianti. De sorte que Mgr Duchesne le trouva, dans les rues, qui ne tenait pas très commodément sur ses jambes, pour aller au palais Farnèse. Et je vis donc cette image exemplaire : Mgr Duchesne qui, de la main fortement serrée, avait pris sous l'aisselle le bras du grand Mommsen et menait l'imprudent.

Il faisait cela si gentiment que c'était plaisir de le voir.

*
* *

Quand Mgr Duchesne posa sa candidature à l'Académie française, on disait qu'il avait trop d'esprit. Même, comme il était venu à Paris,

pour ses visites, l'un de ses partisans lui conseillait de s'en aller le plus tôt possible :

— Croyez-moi, monseigneur, retournez à
Rome !

— Pourquoi?

— Vous vous faites du tort...

— Suis-je si déplaisant?

— Vous êtes trop délicieux !

Il y a des candidats qui auraient d'autres motifs de ne pas se montrer.

L'esprit de Mgr Duchesne est célèbre. Et ses
amis craignaient que l'éminent historien ne parût
— comment dire? — trop spirituel pour un
prêtre. Ses mots couraient Paris. Afin d'écarter
ce péril, l'un de ses fidèles imagina de les raconter, certes, mais en les attribuant à un autre can-
didat : personne ne le crut !

Et bientôt, d'ailleurs, on connut la qualité
charmante et juste de cet esprit qu'on redoutait.

Avouons-le, certains laïcs et divers incrédules
sont extrêmement sévères en ce qui concerne la
religion, la religion des autres; et ils sont fort
exigeants, pour les prêtres. En somme, ils n'ont
pas tort, s'ils rêvent d'un saint clergé qui rachète
leurs imperfections et, par un grand effort, complète le total de sainteté dont le monde a besoin.
Mais ils se trompent, quand ils se figurent que la
religion doit être chagrine.

Elle ne l'est pas. Qui la pratique avec exactitude et sincérité a trouvé une admirable règle de

vie : désormais, les jours et leurs travaux ont leur discipline et leur signification ; la mort n'est pas une offensante et absurde menace ; et l'on possède en provision les consolations les plus persuasives, qui même ne sont plus indispensables. Comment ne serait-on pas gai?

Je crois que les inquisiteurs étaient moroses : c'est qu'à la méditation pieuse ils ajoutaient nombre de soins politiques.

Mgr Duchesne, lui, n'a rien d'un inquisiteur.

Son visage est tout éclairé des joies sereines de l'intelligence. La fine bouche rit volontiers; les yeux aussi. Et toute la physionomie est aimable, enjouée. La moquerie même ne lui donne pas un air méchant.

C'est bien heureux, — parce que la moquerie est un genre où excelle Mgr Duchesne; seulement, quelle moquerie, légère, amusée, indulgente et qui trouve qu'en fin de compte tout cela n'est pas grave!...

Pour raconter des histoires, il est incomparable. Il a le sens du pittoresque et — ô prodige! — il n'en abuse pas. Il organise, rapidement, de petites comédies où le protagoniste a son rôle; et les comparses ne sont pas négligés. Et il y a des dénouements, à ses histoires : elles ont, sur la simple réalité, cet avantage. Et puis, le style, — tandis que la réalité n'en a guère.

Prédécesseur de Mgr Duchesne à l'Académie, le cardinal Mathieu commandait la déférence et incitait à la bonne humeur. Bref, l'Église aura, en notre temps, fourni à la compagnie que le cardinal de Richelieu fonda deux de ses membres les plus illustres et les mieux munis d'allégresse.

C'est un signe précieux ; et l'on dit, au contraire, que les grands dignitaires de la maçonnerie sont la tristesse même, avec puérilité.

*
* *

Il fallait parler de Mgr Duchesne avant d'énumérer ses travaux.

Toute son œuvre est animée de cette heureuse aménité qui le distingue. Seulement, le commentaire du *Liber pontificalis, les Origines du culte chrétien* et *l'Histoire ancienne de l'Église,* voilà des livres qu'on n'aborde pas sans inquiétude : l'on est, volontiers, si futile !... Mais l'inquiétude ne dure pas, si l'on est mené à de tels sujets par un guide si bien souriant.

L'érudition de Mgr Duchesne a tous les mérites. Elle vaut par son exactitude scientifique et par son art. Fidèlement soumise aux méthodes positives que les savants du dernier siècle ont inventées, scrupuleuse, attentive, elle ne néglige aucun des détails de l'enquête ; elle n'accepte rien que l'évidence ne lui déclare et elle sait les différences qui séparent l'hypothèse et la vérité. Elle recourt aux textes et elle en fait la critique

soigneuse. Mais elle évite l'erreur où d'autres se
perdent : sa besogne préparatoire n'est pas tout
son objet.

Nous avons de singuliers érudits : ils ressemblent à des architectes qui ne construiraient que
les échafaudages. D'autres, après avoir édifié la
maison, laissent subsister devant elle tout l'atti-
rail de la bâtisse. Il est vrai que d'autres encore
ont l'air d'avoir bâti sans prudence et comme au
hasard. Ceux-ci font de mauvaise besogne ; ceux-
là ont beau nous inviter à contempler leur monument, nous n'en voyons ni l'arrangement ni les
lignes. Mgr Duchesne est un architecte méticuleux ; mais il enlève les échafaudages.

Son *Histoire ancienne de l'Église* se présente
comme un récit continu, élégant. Les discussions
critiques n'y sont pas ; ou, mieux, elles n'y sont
plus : seuls, en restent les résultats. Pareillement,
l'auteur s'est abstenu de ces amples et périlleuses
considérations auxquelles divers historiens attachent tant de prix, et qu'ils appellent philosophie
de l'histoire, et qui les reposent un peu, et qui
— si je reprends ma comparaison d'un architecte — leur servent, ici ou là, de trompe-l'œil.

Mgr Duchesne veut que l'histoire soit une
science. Mais il a vérifié qu'elle est, en outre, un
art. Si l'on n'a point cherché avec une opiniâtreté
minutieuse les fragments de la vérité, qui sont
épars dans le désordre universel, parmi les apparences fallacieuses, on ne fera rien qui tienne :

c'est bâtir sans matériaux. Seulement, on ne trouve jamais que des fragments de vérité : il faut les classer et les joindre. C'est ici que doit se marquer le talent de l'historien. Il réussira s'il possède ce don particulier : le génie du passé authentique, l'imagination vraie.

L'œuvre de Mgr Duchesne atteste qu'il était pourvu de ces facultés originelles et qu'il n'a point redouté le labeur immense et subtil de l'érudit.

Mais le labeur, il le garde pour lui ; il ne l'exhibe pas : ce qu'il montre, c'est la belle architecture.

Son œuvre est, ainsi, parfaite. Elle est solide et gracieuse, bien aérée, de lignes harmonieuses. Elle n'a point l'aspect rébarbatif et affreux qu'on trouve à divers écrits germaniques. *Opus francigenum,* — c'est du travail français.

*
* *

L'histoire ancienne de l'Église est pathétique et variée, tumultueuse en apparence et logique en son développement profond. Elle est riche en épisodes, tourmentée du dehors par la haine et les persécutions, travaillée au dedans par les recherches aventureuses de l'esprit, par les hérésies, quelques-unes horribles, plusieurs splendides, toutes effarantes. Elle abonde en traits

12

ravissants; elle est tragique; elle implique la
grâce et la fureur. Et elle marche, d'une allure
inégale, mais dominée par une volonté mystérieuse, implacable comme la fatalité et tutélaire
comme une providence.

Aucun royaume de la terre n'a subi de plus formidables épreuves que le royaume spirituel de
saint Pierre. Aucune idée humaine n'a été soumise à plus d'assauts furieux et astucieux que
l'idée chrétienne. Et aucune cause ne réclamait
d'être servie par de plus extraordinaires fidèles.
L'histoire de l'Église est une alternance perpétuelle de triomphes et de désastres.

Mgr Duchesne a placé son ouvrage sous l'invocation d'Eusèbe de Césarée, lequel, au temps de
Dioclétien, quand on brûlait à feu d'enfer les
livres saints, quand on proscrivait les chrétiens
ou bien quand on les contraignait d'apostasier,
tout seul, lui, relégué dans une cachette, compi-
lait la première histoire du christianisme.

Certes, on ne peut comparer l'écrit diligent
mais un peu médiocre d'Eusèbe de Césarée avec
l'œuvre superbe du nouvel historien de l'Église.
Tout de même, et en dépit des dissemblances,
les époques ont bien quelque analogie : les jours
présents ne sont pas, pour l'Église, beaucoup
moins sombres que ceux de Dioclétien. L'ère des
tribulations n'est pas close. Mais, comme Eusèbe
de Césarée ne désespérait pas, sans doute aussi
faut-il penser que le chrétien qui a repris sa tâche

d'annaliste a trouvé, dans l'exemple de jadis, la confiance de maintenant.

Du reste, l'*Histoire ancienne de l'Église* n'est pas un ouvrage apologétique. L'auteur ne se proposait pas de rassurer son lecteur et de l'encourager : il n'avait pour objet que la vérité, quelle qu'elle fût. Un historien qui, même en faveur de bonnes intentions, chercherait autre chose que la vérité manquerait à son devoir. Mais, la conclusion qui spontanément résulte des faits eux-mêmes, acceptons-la : elle exige notre assentiment. Et l'auteur n'a point à la formuler ; il peut, si elle est satisfaisante, s'en réjouir.

Eh ! bien, l'historien de l'Église a vu l'Église qui, malgré tout, triomphait ; il l'a vue, en définitive, plus forte que tous ses ennemis épars ou conjurés ; il l'a vue chancelante et qui ne tombait pas, mourante et qui ne mourait pas ; il l'a vue invincible : et, quand il eut à écrire les origines chrétiennes, c'est, sans l'avoir voulu, mais après l'avoir constaté, le poignant prélude d'une pérennité qu'il entreprenait.

Alors, comment désespérer ? voire, comment s'effrayer ?

De là résulte, si je ne me trompe, la sérénité heureuse de cette œuvre pathétique. Elle n'est pas une lamentation sur des ruines, mais un chant de durée persévérante.

*
* *

Un jour, M. Jules Lemaître nota la surprise que lui causait la gaieté de M. Renan. Et, là-dessus, M. Renan s'expliqua. Il trouva les plus adorables raisons, les plus fins prétextes. Ce fut charmant. Tout de même, diverses personnes aperçoivent plus nettement les sources de mélancolie qui jaillissent de la pensée renanienne, en minces filets plaintifs et chantants.

Mais la gaieté de Mgr Duchesne, qui s'en étonnerait? C'est un alléluia.

AMAN-JEAN

Certains artistes nous émerveillent par une
puissance d'invention qui, à chaque instant,
secoue l'idée que nous avions de leur talent. Ils
nous émerveillent et, souvent, nous déconcertent.
L'on se demande, avec un peu d'inquiétude,
comment se peuvent organiser, dans un esprit,
tant de notions, et si hétérogènes. Une telle fécondité, riche et tumultueuse, apparaîtra peut-être
comme un prodige; à moins qu'un jour on n'y
découvre le triomphe de la seule habileté. L'on
hésite; on est tout près d'admirer : mais on se
tient sur la réserve, si l'on est muni de prudence.

Tout autre est l'œuvre d'Aman-Jean, dès l'abord
captivante et rassurante. Il y en a de plus variées,
et de plus émouvantes par l'impétuosité de l'imagination, magnifiques par l'ampleur, amusantes
par la fantaisie. Mais on aime, en celle-ci, l'accord de l'idée et de sa réalisation, des formes,
des couleurs, de la qualité même de la peinture et de la philosophie ou du rêve qui s'y
dévoile.

*
* *

La philosophie d'un peintre?... L'on se méfie, à cause du piteux résultat que d'autres obtinrent, pour avoir mis leur palette au service d'idées abstraites, ou littéraires, ou sociales. Il est **vrai** que certaines idées, valables en elles-mêmes, **ne** s'accommodent pas d'être rendues par la couleur et la forme ; et le principe excellent de la séparation des arts n'a pas d'autre portée, en somme. Mais ce fut le premier bonheur d'Aman-Jean, puisque ses aptitudes étaient d'un peintre, que sa conception des choses se traduisît naturellement en images.

Non en symboles. Peut-être fut-il sur le point de s'y tromper. On l'a vu d'abord l'un des exposants les plus distingués des salons de la Rose-Croix. Il y avait là du mysticisme, auquel se plurent, un moment, des âmes délicates et religieuses. Il ne s'y attarda point et s'aperçut de l'erreur qui résidait en cet art grêle, chétif, pauvrement idéologique. La vie, au contraire, l'attirait, et la réalité. De jour en jour on l'a pu suivre, depuis lors, qui acquérait un sentiment plus authentique de la beauté. Aux petites vierges étriquées, tenant de leurs doigts fluets un lis où quelque fleur emblématique, il préféra les douces et savoureuses chairs que la lumière caresse. Son

inspiration n'est pas sensuelle avec exubérance,
mais voluptueuse en même temps que pensive.

Pudiques cependant, les épaules nues de ses
femmes ont une grâce délicieuse; des étoffes qui
les gardaient, elles sortent avec une câline désinvolture; on les sent jolies et fraîches, autant que
rondes et blanches.

Il faudrait définir avec justesse la séduction de
ces figures auxquelles donnent un charme nouveau la décence du maintien et la lenteur élégante du geste. Et, si la joliesse exquise des
formes allait être touchante à l'excès, l'ingénuité
du regard corrigerait la séduction trop vive.

Un regard presque enfantin, et qui ne pleure
ni ne sourit, et qui, dans sa candeur, est grave.
Rêve-t-il? ou contemple-t-il?... Ces yeux très purs
se sont ouverts sur le vaste monde; ils n'en ont
pas vu la laideur. On dirait que le spectacle d'ici-
bas s'est ennobli, d'être vu par eux. Les choses
ne sont pas telles ou telles, indépendamment de
l'âme qui les suscite; et chaque âme fait un univers à sa semblance. Ainsi se purifie le monde,
pour des yeux purs.

Ces jeunes femmes, le peintre les entoure d'un
décor semblable à elles, d'une beauté simple et
fine, de fleurs et de feuillages en guirlandes, de
tranquilles paysages silencieux. L'ensemble est
d'une sereine mélancolie, d'une grâce parée et
d'une douceur délicate. Le rêve de Watteau est
imprégné de plus de tristesse, étant plus fugitif

et tout alarmé de l'attente des fins prochaines; la
gentillesse en est inquiétante et la gaieté trempée
de larmes. Ici, le recueillement et la paix, le
calme des plaines enchantées, dans l'heureuse
monotonie des heures claires.

La philosophie d'Aman-Jean, — un idéalisme
conscient de lui-même et réfléchi, — transfigure
la réalité selon le vœu d'une âme tendre et sou-
cieuse d'harmonie, que les contrastes violents
offenseraient.

Et il n'a point eu recours à des allégories com-
pliquées, sortes de rébus. Seulement il a placé,
au milieu d'ornements naturels et des parures que
font, aux éclaircies des parcs, les flexibles rameaux des arbres variés, de jeunes femmes en
qui fleurit la gracieuse beauté de ce monde sans
joie.

*
* *

Les plus anciennes œuvres d'Aman-Jean datent
des alentours de 1880; et l'une de ses premières
tentatives est un portrait de lui-même, antérieur
aux cours de l'École des Beaux-Arts; l'on y
remarque déjà une manière spéciale, un style. De
grandes compositions vinrent ensuite, le *Saint
Julien l'Hospitalier* du musée de Carcassonne, la
Jeanne d'Arc du musée d'Orléans. Elles sont habi-
lement conçues, bien agencées et de nature à

édifier le public : ce peintre a démontré qu'il aurait pu, tout comme un autre, faire un peintre d'histoire, et mieux que tels autres.

Puis, il négligea « le sujet ». Il ne crut pas indispensable qu'un incident quelconque, véritable ou imaginé, une anecdote, un épisode se trouvât représenté en chacun de ses tableaux. La plupart de ses tableaux n'ont pas de titre; et l'on serait en peine de leur en donner un : mais à quoi bon? Ils n'ont pas de « sujet »; cela ne veut pas dire qu'ils ne signifient rien. Seulement, ce qu'ils signifient, des mots ne le pourraient pas indiquer. Cet art n'est aucunement mêlé de littérature : pictural, il se suffit à lui-même, et quant à son mode d'expression et quant aux idées qu'il exprime. Il faut louer Aman-Jean de n'avoir pas, ainsi que d'autres, confondu des esthétiques diverses et, peintre, d'être un peintre absolument.

Et il est remarquable encore que, s'abstenant de tout ce qui ne constitue pas l'art même du peintre, Aman-Jean ne soit pas tombé dans cet autre défaut, l'inutile adresse. Il a su résoudre ce difficile problème d'une peinture pleine de pensée, et qui pourtant ne fût que de la peinture. Cette œuvre est harmonieuse.

Entre sa pensée et l'expression qu'il lui donne, nul intermédiaire d'une autre sorte que la forme et la couleur. En conséquence, sa « philosophie » est aussi bien dans ses portraits que dans ses autres tableaux. Ce n'est pas que, portraitiste, il sacrifie à d'autres soucis le personnage et l'utilise à des fins personnelles. Il veille, — autant qu'il le doit et comme il le doit, — à la ressemblance; du moins constatons-nous qu'il n'ôte pas leur caractère individuel aux figures qu'il peint : il leur laisse leur caractère et il le marque nettement. Tout de même, pour différentes qu'elles soient les unes et les autres, les jeunes femmes qu'Aman-Jean peignit sont, par l'élégance et la grâce un peu douloureuse, des sœurs : ainsi s'unissent heureusement les cas particuliers de l'univers, en un esprit qui a trouvé la formule de sa pensée.

Les portraitistes — je ne parle que des meilleurs, non de tels ou tels, en renom : leur malice est de bien imiter les riches étoffes, peluches et velours, failles, satins et soies de dames opulentes, les chefs-d'œuvre des couturiers — les portraitistes sont des psychologues; et le visage est, pour eux, le principal. C'est par la physionomie qu'ils indiquent le personnage. Aman-Jean, lui aussi, utilise la physionomie; et, dans le regard fixe et aigu, pensif et doux de ses figures, il a mis un rêve pénétrant. Mais sa philosophie ne se réduit pas à une psychologie. Ce qu'il a voulu rendre, avec son art, c'est une opinion plus générale, touchant cet univers dont la beauté s'est révélée à lui par l'heureuse combinaison des couleurs et la perfection des gestes.

Il ne conçoit pas un être comme isolé de

toutes choses, ici-bas, par sa pensée ; mais plutôt il admire, en cet être, l'expression synthétique et vive de l'univers, l'univers se pensant lui-même et conscient de sa beauté. Certaines femmes, privilégiées, réalisent tout le mystère de beauté qui est épars aux paysages, tant s'accordent leurs gestes lents avec les lignes naturelles, les nuances de leurs parures avec celles des horizons, et tant aussi leur âme silencieuse accueille le songe universel.

*
* *

La couleur, dans les tableaux d'Aman-Jean, est mate et un peu voilée, — analogue, d'ailleurs, qu'il emploie ou le pastel ou l'huile. Peut-être, avec le pastel, obtient-il des tons plus variés, plus composites quoique bien unifiés, et arrive-t-il, en multipliant les touches diverses, à rendre l'atmosphère plus palpable et enveloppante. Mais, par un procédé ou l'autre, il recherche le même effet ; et, son modèle, c'est la nature, doucement éclairée de lumière diffuse, qu'un ciel pâle et blanc tamise.

La couleur d'Aman-Jean, on la dirait, d'abord, un peu éteinte.

Quand il a plu, les nuages dégonflés se fondent et, assemblés, se tendent en écran pour amortir les rayons trop durs du soleil. Alors surtout la

campagne est charmante ; et alors seulement y
est discernable l'infinité merveilleuse des nuances.
Les vives soleillades, au contraire, allument ici
et là des couleurs gaies, éveillent des reflets puis-
sants, accusent des reliefs, par le rude contraste
de l'ombre. Cette lumière très intense, on peut
l'aimer. Mais pour elle-même. Et l'on doit accorder que, trop exubérante, elle ne joue pas très
bien son rôle de lumière, qui est seulement
d'éclairer la surface colorée des choses. Elle veut
qu'on l'admire et, orgueilleuse, elle exagère ses
effets. Sous l'excessif éclat de la lumière, la couleur disparaît : il n'y a plus, dans tout le paysage,
que la lumière impétueuse, fantasque, épanouie.
Que la nature est mieux visible en son détail délicat et nombreux, si le ciel se couvre, non de
nuages lourds et opaques, mais de buée légère et
diaphane et si la lumière, adoucie ainsi, se répand
en ondes égales, pures, tranquilles ! Les couleurs, toutes, se révèlent, sans que les unes soient
offusquées par la trop vive ardeur des autres ;
chacune d'elles est en valeur, se montre sans
outrecuidance et compose avec ses voisines une
juste et belle harmonie. Alors, il n'y a pas de
nuances perdues. Et c'est l'image d'une âme
apaisée qui, n'étant pas accaparée par quelque
passion trop exclusive, s'épanouit.

Ces colorations mates et voilées auxquelles se
plaît Aman-Jean, c'est à la nature qu'il les emprunte ; et l'artifice ingénieux de sa palette il

l'apprit de ces paysages qu'une lumière discrète éclaire doucement.

Aussi son œuvre donne-t-elle un plaisir de silence et de recueillement. Elle est toute imprégnée de la tranquillité pensive de la nature. Et elle enseigne une morale de sérénité, de calme, de lucide rêverie.

Mais, s'il aime les demi-teintes et les nuances fines, sa peinture n'est pas fade ni terne. S'il évite la crudité de certains tons, c'est afin que tous aient leur place dans l'ensemble; et il ne veut en sacrifier aucun. Les couleurs sont franches et peuvent même sembler hardies.

Elles sont très exactement celles de la nature.

Les peintres n'évitent pas toujours le défaut de n'imiter point la nature, mais une idée de la nature, que les artistes précédents ont instaurée, qui peu à peu s'écarte davantage du premier modèle et finalement devient une manie ennuyeuse. Ou bien, s'ils réagissent là contre, c'est au moyen de telles inventions hasardeuses, chimériques, sans rapport avec nulle réalité ingénument perçue. Aman-Jean, lui, est libre; et l'on ne sent pas qu'il ait fait un effort pour se libérer.

Il a des roses délicieux qui proviennent des bruyères drues sur les landes; à la fin de l'été, elles roussissent et leurs teintes carminées se mêlent de chaudes rouilles. Son vert est celui des oliviers ou des mousses; et des jaunes de

genêts pointent parfois dans ces nuances. Quant
à ses violets, à ses mauves bleutés ou assombris,
il les a pris à l'écharpe de brume qui traîne aux
horizons.

Toutes ces couleurs, il les combine sans timidité. Il est audacieux, désinvolte, mais non paradoxal. Il ne veut pas déconcerter ; les couleurs se
fondent, dans ses tableaux, comme, dans un
paysage, l'extraordinaire variété des teintes.

*
* *

Le dessin d'Aman-Jean, la sinuosité des contours et les gestes des personnages n'ont ni em-
phase, bien entendu, ni préciosité. Nulle affectation de simplicité, non plus. Il n'a pas réagi,
comme d'autres, contre l'habituelle mimique des
écoles au moyen de cette gaucherie qui n'est pas
dénuée d'agrément, mais qui est un petit stratagème provisoire.

La grâce des gestes, pour lui, provient de leur
aisance que rien n'entrave ; ils ne réclament pas
une tension volontaire des muscles et ils ne
répondent pas à un vœu subtil d'élégance. Ils sont
les gestes les plus spontanés d'êtres souples et
beaux qui se meuvent avec facilité. Les corps
s'inclinent sans mollesse ; les bras se courbent,
s'arrondissent et, par les mains fines, se joignent :
et ils n'ont pas de lassitude, mais aucune activité

violente ne sollicite leur énergie. Et les flexibles
cous soutiennent l'ovale délicat des visages.

Pour laisser aux gestes leur agilité naïve,
Aman-Jean pare ses jeunes femmes d'étoffes
légères qui ne se cassent sèchement ni ne s'éploient
ainsi que de lourds brocarts. Il ne veut pas que
le vêtement vaille par lui-même et substitue
l'éclat de sa richesse aux belles ou aimables
lignes des membres qu'il cache et ne dissimule
pas. Le vêtement qu'il peint est chaste, mais
docile au corps, à sa forme, à ses mouvements.

Aux époques de décadence, — et c'est-à-dire
quand les peintres ne font plus d'autre effort que
de virtuosité, suppléant à la pauvreté de leur
génie par l'adresse de leur travail, au seizième
siècle italien par exemple, — la magnificence des
plis est la grande recherche des artistes. Ils les
font amples et symétriques, nullement motivés
par le corps qui est dessous ni par le poids des
tissus. Ce sont des tissus empesés, sans doute, ou
plutôt des tissus théoriques, indifférents aux lois
de la pesanteur; et, quant au corps qui est dessous, — il n'y a pas de corps dessous!...

Aux époques archaïques ou bien aux époques
de réaction qui souvent, pour se délivrer d'un
insupportable usage, recourent à des esthétiques
plus anciennes, on évite le fol excès des draperies
en plissant l'étoffe, en la serrant strictement
contre le corps.

Aman-Jean ne procède ni d'une façon ni de

l'autre : il ne commet pas l'erreur des décadents; mais il ne s'astreint pas non plus à l'extrême rigueur des primitifs. Avec une heureuse liberté, il arrange agréablement les robes de ses jeunes femmes, afin que plis et nuances fassent une harmonie. Il préfère parfois des lignes un peu singulières, des courbes qui ondulent comme, au vent, des écharpes. Le regard les suit et s'amuse de telles sinuosités, analogues à celles d'une pensée qui baguenaude et analogues aux détours d'un rêve.

MAURICE DONNAY

Il y a en lui tant de contrastes et il passe d'un
extrême à l'autre par tant de nuances nettes et
imprévues qu'on a peine à fixer sa ressemblance.

En habit vert, coiffé d'un bicorne à plumes,
l'épée au côté, il est magnifique; il a l'air d'un
maréchal d'Empire. Mais il sourit, — de la
bouche, des yeux, de tout le visage : — et il a
l'air d'un enfant.

Je ne sais pas comment eût fait son portrait
un Holbein, qui, dans une abondante synthèse,
assemblait toute la diversité nombreuse d'un
caractère; mais je me figure volontiers La Tour
de Saint-Quentin multipliant ses différentes
images, ses moments successifs et consacrant
chacun d'eux.

Cette variété est harmonieuse. On en cherche
l'unité : en la trouve dans une gentillesse d'esprit
dont le charme est délicieux.

*
* *

L'œuvre de Maurice Donnay a le même aspect que lui et comme la même physionomie. Elle est éclairée d'une changeante lumière qui en modifie à l'infini les apparences. Elle s'égaye ou s'attriste ainsi qu'un paysage où se révèle le jeu du soleil et des nuages. Elle va du rire aux larmes et puis revient au rire par de délicates transitions.

Et elle est à la fois gracieuse et forte. Les agréments qu'elle a, ses finesses jolies n'empêchent pas qu'elle ne soit puissante.

Car Maurice Donnay, avec ses façons un peu nonchalantes d'abord, mène bientôt sa comédie au drame, vigoureusement; à un drame pathétique où se mêlent, se heurtent des idées, des sentiments, des intérêts, où s'affrontent des individualités; à un drame parfois si rude qu'il laisse une impression d'angoisse.

Ce drame éclate comme un fracas d'orage; mais il est venu lentement. Il s'est préparé sans hâte. Ainsi, par les jours chauds d'été, l'atmosphère s'alourdit peu à peu; on voit les nuages arriver les uns après les autres, s'accumuler, former la menace des catastrophes. Et, avant que ne se déchaînât la tourmente, il faisait beau, les fleurs embaumaient, les routes étaient engageantes; ou bien les jardins éployaient tout le luxe de leurs massifs, de leurs plates-bandes, de leurs ombrages frais, de leurs bosquets doux au repos, de leurs allées favorables à la promenade. A peine devinait-on que l'air se chargeait de tempête.

Maurice Donnay ne se presse pas d'appeler la péripétie. On dirait qu'il baguenaude; et pas du tout!...

D'autres écrivains dramatiques nous mettent tout de suite en plein drame. Ce n'est pas sa manière. Plutôt, il laisse le drame venir. Il veut que nous en ayons senti l'approche; et le spectacle qu'il nous donne est bien celui de l'insidieuse réalité.

Il veut aussi que nous connaissions les personnages avant de nous attendrir sur les calamités qui les frappent. Ainsi, ce n'est pas de l'événement tragique que nous serons émus, effarés, affligés, mais du sort de quelque héros ou de quelque héroïne. Le drame qui surgit ne nous apparaît pas comme une invention, comme une combinaison d'éléments abstraits; c'est une aventure concrète et plus touchante à cause de son analogie avec l'exacte vérité de la vie.

Voici *l'Autre danger*. C'est l'histoire d'un homme qui aime et la mère et la fille, l'une après l'autre et à peu d'intervalle l'une de l'autre. Il était l'amant de la mère, il devient le mari de la fille; il est donné par la mère à la fille. Singulière aventure!... Tel est le drame.

Or, le drame tient dans le quatrième et dernier acte, dans une partie du quatrième et dernier acte. Les trois premiers sont des actes de préparation ; et ce n'est pas le dénouement qu'ils préparent : c'est nous.

Au premier acte, Mme Jadain retrouve un ami d'enfance qui jadis eut pour elle de la tendresse ; nous n'avons pas de peine à deviner qu'ils s'aimeront bientôt, qu'ils s'aiment déjà, qu'ils seront amant et maîtresse. Même, cela nous plaît et nous l'approuvons, de tout notre cœur qui en a vu bien d'autres. Au deuxième acte, ils sont en effet cette maîtresse et cet amant ; et ils le sont avec une remarquable ferveur. Nous les félicitons ; nous approuvons qu'une tendresse veuille ainsi résister au temps méticuleux. Mais nous apercevons que Madeleine, fille de Mme Jadain, n'est pas sans éprouver un petit sentiment pour son grand ami Freydières, l'amant de Mme Jadain. Est-ce de l'amour ou de l'amitié ? Un gentil sentiment, qui a l'adresse de nous émouvoir afin de ne pas trop nous choquer tout à l'heure, quand il sera caractérisé violemment. Au troisième acte, plus de doute : Madeleine aime d'amour ce Freydières qui, du reste, n'est pas une insensible brute. Mais le hasard d'une conversation qu'elle surprend, au bal, indique à Madeleine que Freydières est l'amant de Mme Jadain. Elle se trouve mal ; on l'emmène. Quatrième acte : Madeleine est malade ; on le serait à moins. Mme Jadain ne tarde

pas à découvrir le secret de cette maladie mystérieuse. Il importe de sauver Madeleine; elle lui
jure que ce n'est que calomnie. La preuve? Eh
bien, elle lui donne Freydières.

Si, tout de suite, un dramaturge nous montrait
une femme qui donne son amant à sa fille, nous
dirions, tout bas, à ce dramaturge :

— Ah! mon ami, faut-il que les sujets de pièces
deviennent rares, pour que vous ayez dû inventer
une telle machine! Cette femme ne m'intéresse
pas; vous l'avez imaginée à grand'peine. Elle me
dégoûte un peu; et je ne veux pas la connaître :
on ne connaît que trop de monde!...

Seulement, Maurice Donnay nous l'a présentée
sans nous avertir de ce qu'il adviendrait. Il avait
l'air de ne pas le savoir lui-même. Et, elle, assurément, ne le savait pas. Ce Freydières était
amoureux, gentil. Gentille aussi, Madeleine. Et
comment n'être pas sensible à cet amour d'une
petite fille? Et puis, comment n'être pas sensible
à l'immense douleur d'une femme qui doit soudain choisir entre son amour de maîtresse et son
amour de mère? Elle est plus mère que maîtresse;
elle se sacrifie : et ce n'est pas cynique, de se
sacrifier. Madeleine accepte le sacrifice, parce
qu'elle ne le comprend pas : elle est aveugle,
comme qui aime. Et ce Freydières, égoïste
et mol, que dire de lui, sinon qu'il est bien
masculin? Quand sa maîtresse lui dit : « La
vie est finie pour moi, elle continue pour vous;

vous oublierez et je me résignerai », il ne sait
que répondre. Et il répond, avec une douce naïveté : « Tout de même, notre part n'est pas
égale ! » C'est vrai. Il ajoute : « Je vous vénère... »
C'est ce qu'il a de plus facile à faire ; il est d'une
lâcheté innocente, qui révèle un homme.

Si nous acceptons ce dénouement, si nous
accueillons ce drame, c'est que, durant trois actes
et demi, Maurice Donnay nous y a conduits. Il
nous y a conduits par les chemins nombreux,
divers et lents, que prend la vie pour nous mener
où elle veut. Ce n'est pas tout de go qu'on arrive
à une folie. Après maints détours, lorsque nous
avons aperçu de loin la folie et lorsque nous
l'avons regardée assez pour qu'elle nous devînt
familière, elle ne nous étonne plus ; et la voici :
nous l'acceptons, nous l'attendions.

Maurice Donnay semblait nonchalant ; il s'at-
tardait à maints dialogues. La vie aussi semble
nonchalante d'abord, jusqu'au moment où elle se
dépêche : et, alors, rien ne lui résiste. Maurice
Donnay, en somme, traite son spectateur comme
la vie les pauvres gens.

Et la vie, alors, a l'air de leur dire :

— Vous voyez bien que ce n'était pas si difficile. Vous voyez bien que votre dogmatisme moral n'a pas si mauvais caractère ; vous n'avez pas
d'entêtement et je ne suis pas brutale sans précaution. Vous voyez que le pauvre cœur humain,
sensible et tendre, aime comme il peut, à tort et à

travers, sans qu'il faille s'en indigner, car à quoi
bon? puisqu'il est ainsi fait.

C'est aussi ce que Maurice Donnay dit à son
spectateur; ou c'est la vérité qu'il lui insinue avec
prudence, imitant les subtiles adresses de la vie.
Ces remontrances sans noblesse, nous les relève-
rions peut-être avec humeur, si nous n'étions
vaincus d'avance, émus, troublés par une dialectique abominable et délicieuse, d'un charme
infini, d'une scandaleuse et ensorcelante vérité.

*
* *

Il n'y a pas de thèses dans le théâtre de Maurice Donnay. Ses personnages ne songent pas à
être des symboles. Mais il y a, dans ce théâtre,
des idées, comme il y en a dans le tumulte quotidien de l'aventure humaine; des idées que le philosophe ou l'historien pourra grouper, réduire en
système, organiser en doctrine. Maurice Donnay
n'assume point cette tâche. Il ne prétend qu'à
décrire les mœurs de notre temps; il abandonne
à d'autres le soin de les juger, de les flétrir et,
si un tel espoir se présente, de les améliorer.

Cependant, il mérite le nom de moraliste, pour
avoir étudié la folie de son époque et pour l'avoir
signalée, montrée par le menu, expliquée. Cela,
il l'a fait avec une lucidité singulière.

Il est plus hardi que d'autres, mais sans violence vaine. La démoralisation d'aujourd'hui n'a pas de peintre plus attentif.

La riche, l'opulente époque, pour un observateur ! Beaucoup de vieux principes ont reçu le dédaigneux surnom de préjugés : ils tombent en désuétude. Alors, libres, les individualités se soulèvent terriblement ; animées de toutes leurs concupiscences, elles s'agitent. Une joie dangereuse les a prises, un zèle d'esclaves échappés.

Ces anciens esclaves, et qui sont esclaves encore, et qui le seraient déjà par l'excès du plaisir que leur fait leur liberté récente, les hommes et les femmes d'à présent, les personnages de Maurice Donnay gardent, plus ou moins vif, le souvenir de la discipline rompue ; les uns conservent des remords, d'autres seulement des scrupules, d'autres un peu de timidité ; et la lutte de leurs égoïsmes déchaînés trahit quelque embarras, une sorte de maladresse.

Époque d'inquiétude !... Maurice Donnay l'épie ; et je le vois qui la regarde, qui en suit les incidents avec ses yeux mobiles, curieux, tendres et rieurs ; ses doigts frémissent d'une espèce d'impatience, à cause de la prodigieuse diversité du spectacle.

*
* *

Quand il publia *le Retour de Jérusalem,* il écrivit une préface, et ravissante, pour démontrer qu'il avait été impartial. Impartial, ni plus ni moins !...

Ah! qu'est-ce que l'impartialité? Ponce-Pilate, homme narquois et intelligent, demandait : « Qu'est-ce que la vérité?... » Cette formule de tout scepticisme ne lui fait pas un grand honneur, parce qu'il avait, le jour où il la trouva, son métier de juge à ne point négliger. Il le négligea; et les choses se passèrent comme s'il eût été un dogmatiste. C'est l'inconvénient du doute : on ne décide rien; mais la vie n'attend pas et décide.

Qu'est-ce que l'impartialité? Une attitude d'esprit peu commune. Si peu commune qu'en fin de compte on en parle souvent et, quant à la garder, c'est une autre affaire.

Les petits garçons qui boudent refusent de dire qu'ils préfèrent aux confitures le sucre d'orge, ou réciproquement; ils savent très bien ce qu'ils aiment le mieux. Du reste, ils accepteraient les deux gourmandises, à moins que peut-être ils n'eussent plus du tout faim.

Il y a encore l'âne de Buridan. Cet âne fut placé entre deux bottes de foin tout à fait pareilles, également fraîches et appétissantes. On prétend qu'il mourut d'inanition, faute d'avoir pu se résoudre à choisir l'une ou l'autre. Il fut la victime d'une merveilleuse impartialité.

Seulement, cet âne est emblématique. Les philosophes d'autrefois utilisèrent cette allégorie pour leurs subtiles disputes. Les autres ânes mangent, qui la botte de droite et qui la botte de gauche; et, la seconde botte, il la faut **retirer,** pour qu'ils ne la mangent point ensuite. C'est qu'il n'y a pas ailleurs que dans les imagina-tions des philosophes deux bottes de foin **toutes** pareilles; et c'est encore qu'un chacun se **sent** porté, qu'il le veuille ou non, plutôt vers la **droite** ou plutôt vers la gauche par un instinct secret; et c'est enfin qu'il faut bien prendre un **quel**conque parti, quand on est en présence d'une alternative impérieuse. Que faire?...

Nous serons impartiaux plus tard, après décès. Provisoirement, non. Certains bouddhistes le sont déjà, paraît-il, certains fakirs; on le raconte. Ces personnages ont réduit leur vie à presque rien. Du moins préfèrent-ils aux agréments d'ici-bas le nirvâna. Mais l'impartialité est justement le con-traire de vivre.

Impartial, comment l'être, ô Donnay? Votre sagesse vous engage à ne pas adopter des **façons** violentes, une intrépidité de jugement qui n'est pas dans votre nature; mais vous aimez beaucoup trop la vie pour renoncer à vivre. La finesse de votre vue permet que vous aperceviez la multi-plicité des attributs qui rendent chaque chose un peu laide et surtout ravissante. Je me figure que vous ne détestez rien ni personne : pourquoi limiter son plaisir? Mais vous aimez encore mieux ceci que cela, cela que ceci, n'est-ce pas?...

Michel Aubier, du *Retour de Jérusalem,* n'est pas un héros. Il a vu la fin de l'Empire, les fêtes du Quinze-Août, les barricades, les crinolines et les blouses blanches. Du reste, il n'a pas dû en conserver un souvenir très rigoureux, car il avait peu d'années lorsque fut proclamée la République. Ensuite, il a vu, sur les édifices de l'État, ces mots superbes de liberté, égalité, fraternité ; alors, il s'étonna d'observer qu'il y avait toujours trois classes dans les wagons de chemins de fer. Il a grandi sous la présidence de M. Thiers et du maréchal de Mac-Mahon : il a vu naître les mots en *iste* et les mots en *ard*, — les uns respectueux, les autres méprisants, — qui désignent le parti auquel on appartient et le parti auquel on n'appartient pas. Il a vu des contradictions un peu partout, dans les faits sociaux et en lui-même. Il s'est aperçu qu'on a du mal à juger de tout en parfaite logique. Comment serait-il devenu, dans ces conditions, un fanatique, un énergumène ou un saint?

Il n'est rien de ce genre. Sceptique? Oui. Mais il a ses préférences. Il a cherché dans Sirius, un instant, « les raisons supérieures d'une indifférence séduisante ». Ensuite, ayant à prendre des résolutions, il s'est fié doucement aux conseils de sa sensibilité propre.

Et nous ne sommes pas des logiciens dogmatiques, ô Donnay. Si nous en étions, il y aurait là, de la part d'hommes qui ont vu ce que nous avons vu, disons une espèce d'effronterie. Mais, plus nous a déçus la dialectique, nous et votre

Michel Aubier, plus nous serions capables de
devenir, si l'on nous aidait ou bien si l'on nous
ennuyait, des dogmatistes en réalité. L'incertitude où nos pères nous ont laissés, quand ils ont
démoli la vieille maison devant que d'en bâtir une
autre, cette incertitude nous a quelque temps
amusés, comme la vie de bohème divertit tous les
beaux vingt ans. Puis elle nous sembla périlleuse.
Nous sentons que notre doute, charmant si l'État
est fort, se transforme en une menace dans l'État
faible. Nous ne voulons pas être dangereux. Et
c'est ainsi que nous désirons d'être vaillamment
protégés contre nous-mêmes; c'est ainsi que nous
désirons de voir réalisées en légitime et valable
énergie, hors de nous, nos prédilections les plus
réfléchies; c'est ainsi que nous sommes délivrés
de notre scepticisme et d'une élégante impartialité.

*
*   *

Les personnages de Maurice Donnay sont un
peu méprisables, souvent. Et ils sont, en outre,
dignes de compassion, car ils ne savent ce qu'ils
font. Maurice Donnay a pitié d'eux. Il n'abuse
pas de leur faiblesse pour les tourmenter; il ne
les pousse point à la caricature, le portrait suffit;
il ne complique pas leur châtiment, il n'aggrave
pas leur « douloureuse », la vérité suffit.

Malades de la volonté qui s'exalte ou qui s'atténue, les pauvres êtres souffrent plus que ne
l'exigerait leur faute, qui est la déraison.

Leurs guides les ont abandonnés.

Et, parmi eux, il se révèle de magnifiques cou-
rages, parmi les femmes principalement, des
dévouements subtils, des finesses de goût, des
délicatesses de pensée attrayantes.

Maurice Donnay a pitié d'eux; il a, pour eux,
cette douceur, en ne les excusant pas, de les
expliquer; c'est presque autant de bienveillance.

Il est, en son œuvre, le confesseur, le confi-
dent habile des petites femmes d'aujourd'hui; et
il connaît leur imprudence, leur esprit, les détours de leur conscience qui est tout à la fois malicieuse et ingénue. Il sait que leurs aventures
tournent, le plus souvent, à la mésaventure. Et
il ne dit pas qu'elles aient eu raison de pécher;
mais il les plaint d'en avoir eu, ensuite, mille
ennuis.

Dans la touchante *Vie de la princesse de Poix*, la
vicomtesse de Noailles a écrit : « Mon Dieu,
qu'on est injuste pour ce temps-là ! Que la société
distinguée était généreuse, élevée, délicate ! Que
de solidité dans tous les liens ! Que de respect
pour la foi jurée, dans les rapports les moins
moraux ! »

Je ne sais pas si Maurice Donnay décernerait
exactement cet éloge aux amoureuses d'à présent, qui sont les héroïnes de ses comédies. Ou

bien, je ne le crois pas. Nos chères contemporaines, telles que Donnay les a peintes, sont un peu trop frivoles pour que le respect de la foi jurée soit justement ce qui ennoblit leurs divers essais de vivre.

Elles sont, quelques-unes, bien irréfléchies; d'autres, si imprudentes qu'elles vont aux catastrophes sans y penser; d'autres, si enfantines qu'on a pitié de les voir en de si périlleuses aventures; d'autres, mieux capables de savoir qu'elles ne sont pas raisonnables : mais alors, elles cèdent pourtant à leurs velléités.

Maurice Donnay les a regardées avec une curiosité amicale. Il les a vues différentes entre elles, plus ou moins gaies, plus ou moins effarées, plus ou moins gentilles, mais toutes, si je ne me trompe, soumises à leur sensibilité.

Ce qui leur manque le plus, pour être des saintes, — car la sainteté n'est pas inconciliable avec l'erreur, — c'est le remords. Le remords peut diviniser la faute; il peut aussi la rendre plus perverse.

Les héroïnes de Maurice Donnay ne sont pas divines; elles ne sont pas perverses non plus. Elles sont touchées de l'amour, avec candeur. Si elles luttent, ce n'est pas contre l'intangible éthique, mais contre les multiples difficultés de l'existence. C'est moins noble, ce n'est pas moins pénible ni dangereux.

Nos chères contemporaines — j'entends celles

qui entrent naturellement dans une comédie ou dans un drame — sont ultérieures à de grands bouleversements de la pensée française. Les politiques qui ont l'air de ne songer qu'au gouvernement des peuples et les philosophes qui ont l'air de ne méditer que sur l'absolu ne savent pas la lointaine influence qu'ils ont sur de futiles et gracieuses destinées. S'ils le savaient, peut-être n'oseraient-ils plus guère politiquer et philosopher. Mais, avec leurs discours ennuyeux à entendre et leurs livres impossibles à lire, ils transforment redoutablement les petites femmes.

Les amoureuses de Maurice Donnay sont venues au monde, et puis au demi-monde, après que des doctrinaires inconnus d'elles avaient secoué ou anéanti les principes de naguère.

De là, en elles, une sorte d'ingénuité qui n'est pas la pureté même et qui a un charme périlleux.

Maurice Donnay les aime beaucoup. Il ne leur est ni méchant ni sévère. Il leur trouve une poésie qui vient de leur futilité, de leur complaisance à vivre et de leur courage innocent.

Il y a autour d'elles de graves événements qu'elles ignorent, des combats d'idées où elles ne sont pas admises, des chutes de philosophies et des créations de systèmes où elles se figurent qu'elles ne sont pas intéressées. Et, attentives à l'émoi de leurs tendres cœurs, elles vont et viennent, aiment et n'aiment plus, avec une

intrépidité ravissante, avec une jolie fierté à la
française.

*
* *

Maurice Donnay a bien vu la douleur de son
temps. Et il n'est pas un pessimiste ; on peut s'en
étonner.

Un optimiste ?... Non plus. Il n'est pas excité
à l'optimisme par la confiance des jours qui
viennent. On ne saurait le confondre avec ces
annonciateurs des temps nouveaux qui, parmi les
tristesses contemporaines, discernent le présage
d'un bel avenir. Certes, non !... Mais il trouve de
l'agrément à notre époque.

Jamais la vie n'a été plus ardente, plus variée
et pittoresque, plus digne d'amuser qui parti-
cipe à ses abondantes merveilles ou qui simplement la regarde.

Maurice Donnay s'amuse de ce qu'il voit.

Après que les philosophes ont échoué dans
leur entreprise opiniâtre et téméraire, on peut se
désespérer, ou bien on peut considérer qu'un
malin badinage se substitue agréablement aux
systèmes. Renan s'est demandé si, quelque jour,
un ballet ne résumerait pas la suprême philosophie.

Notre époque désordonnée a vu naître une fantaisie charmante ; une fantaisie brave, une élé-

gance de la pensée qui, pour le moraliste, ne vaut assurément pas la sainteté, mais a bien de l'attrait.

C'est une sorte de gaieté mélancolique, qui a poussé dans les misères d'aujourd'hui comme apparaît une fraîche fleur parmi des ruines.

Cette fantaisie, personne ne l'a mieux sentie, aimée, favorisée, recommandée que Maurice Donnay. Elle est sa poésie et la poésie de son œuvre. Elle en est la séduction et l'une des beautés.

Les comédies de Maurice Donnay ont quelque analogie avec l'*Embarquement pour Cythère* de Watteau, comme ce temps-ci a peut-être quelque analogie avec le temps où Antoine Watteau florissait. Les personnages de l'*Embarquement pour Cythère* ne sont qu'au premier aspect des princes charmants et des dames de féerie. Regardez-les mieux : vous verrez des gens beaucoup plus pareils à la réalité, des gens qu'on imagine sans peine cupides, acharnés, vulgaires et tels que l'humanité moyenne. Mais une atmosphère de volupté rôde et les enveloppe. Ils sont dupes de l'heure et dupes de leur émoi. En cette fin d'un bel après-midi, à cette minute exquise et furtive qui précède le crépuscule, tandis que les branches, qui bientôt s'appesantiront dans le silence nocturne, sont encore remuantes et frissonnantes, une galère d'or les attend et les tente; elle portera vers l'île de l'amour les belles écouteuses, mi-consentantes, hésitantes, et les amants enjôleurs.

Les personnages de Donnay leur ressemblent; et aussi le décor de fête galante où il les place volontiers ressemble au tiède rivage de l'*Embarquement*.

Antoine Watteau eut le titre de « peintre des festes galantes ». Donnons le même titre à Maurice Donnay, peintre de nos fêtes galantes; fêtes suivies de douloureuses redoutables; fêtes où la mélancolie est voluptueuse; fêtes d'oubli, de sensualité, de gaieté; fêtes tragiques et plus douces.

SAINT-MARCEAUX

On connaît la délicieuse et l'édifiante histoire
du « Tombeor de Nostre-Dame ». Elle est fort
ancienne et remonte à une époque où la Vierge
multipliait ses doux miracles. Ce « tombeor »
était un mauvais garçon qui, sur les places, faisait des tours d'adresse et de force et qui, en
outre, commit des larcins : il mérita d'être pendu.
Seulement, sur les places, quand il travaillait afin
de gagner sa vie, il avait soin d'exécuter toutes
les fois un tour, et le plus beau, pour lequel il ne
quémandait pas : ce tour, il le dédiait à Notre-
Dame. Alors, le jour qu'il devait être pendu,
Notre-Dame de gratitude et de bonté suscita un
mannequin ; le mannequin eut la corde au cou et
le « tombeor » la vie sauve.

Il n'y a que de sots mécréants pour dire que
Notre-Dame se repose et a cessé d'accomplir des
miracles. Comme le « tombeor », elle a sauvé
d'un péril moindre et, somme toute, plus hono-
rable que la pendaison l'un des artistes les plus
renommés d'aujourd'hui.

En ce temps-là, qui est le nôtre, les gens

allaient disant que l'Europe entière nous enviait notre école de sculpteurs. Cela prouvait que la sculpture, dans l'Europe entière, ne valait pas grand'chose. Mais les gens, ayant pris l'habitude de répéter ce bout de phrase, témoignaient d'un vif enthousiasme. Et, si vous leur disiez, par exemple, que ce pays était fort mal gouverné, ils répliquaient :

— Oui, mais nous avons une splendide école de sculpteurs!

Ils avaient tort. Les salons annuels révélaient l'horrible médiocrité de ces marbres et de ces bronzes, dont le travail est vainement habile, d'où l'idée est absente. Notre école de sculpteurs reste soumise à l'influence déplorable du seizième siècle italien.

Or, il y avait, à Reims, un petit enfant, extrêmement vif d'esprit et frissonnant, capricieux, inquiet, qui ne se manifestait pas du tout comme un écolier modèle; et il faisait volontiers l'école buissonnière : il n'en faisait presque pas d'autre. Seulement, les heures qu'il empruntait à l'étude des vieux livres, il les donnait à la cathédrale. Il trouvait là des statues merveilleuses et il s'efforçait, puéril et adroit, de les dessiner. Ainsi, l'art français du treizième siècle lui offrit sa première vision de l'art et suscita son premier désir d'être un artiste, comme ces imagiers qui surent si bien poser un sourire sur le visage radieux des anges, retrousser gaillardement la moustache des apôtres

et faire tomber en plis naturels les draperies des
saintes épaules.

Ensuite, ce garçon, devenu jeune homme,
commit le grand méfait séculaire. Il passa les
Alpes, visita l'Italie, aima excessivement l'art des
sculpteurs renaissants et, comme les autres sculpteurs français, il fut intoxiqué d'une fausse idée
de l'art : on le vit à quelques-unes de ses œuvres,
certes habiles, mais entachées de fàcheux italianisme.

Alors, la Notre-Dame de Reims montra qu'elle
était reconnaissante ; et, en récompense des fré-
quentes visites que l'écolier lui avait faites, elle le
sauva. Elle éveilla en lui le souvenir de l'art français médiéval, si juste, véridique et parfait, de
sorte qu'il connût son erreur et cessât de déployer
une virtuosité vaine.

Telle est l'aventure excellente et significative
que le talent de Saint-Marceaux révèle.

Son œuvre, si belle et si variée, marque, par
une évolution logique et volontaire, les tribulations que subit la sculpture française contemporaine, le péril où elle se trouve, l'effort qui la
tirera hors de crise, les conditions de sa victoire.

L'italianisme eut d'abord quelque peine à s'em-

parer du jeune artiste que les anges et les apôtres
de Reims protégeaient.

En 1863, Saint-Marceaux entrait à l'École des
Beaux-Arts et devenait l'élève de Jouffroy. Il
exposa, en 1868, cette *Jeunesse de Dante*, qui est
au musée du Luxembourg, jolie chose, délicatement exécutée, d'une grâce fine. Puis, à la fin de
cette même année, il partait pour l'Italie, —
mère des arts, n'est-ce pas?... La même fatalité
l'y poussait qui, depuis trois siècles, a voulu
livrer à l'influence des Transalpins l'art de tous
les pays.

Saint-Marceaux passa quelques mois à voyager,
à prendre la contagion redoutable. Florence le
toucha particulièrement. De retour à Paris, il se
mit à son Arlequin. Il l'ébaucha, il lui donna
l'élégance florentine.

Mais il dut s'interrompre, la maladie l'ayant
frappé, jeté au lit. La guerre survint; on le soignait, à Reims, pendant l'occupation prussienne.
De tels événements troublèrent la dangereuse
élaboration de son talent, à laquelle ne veillaient
que trop les professeurs de chez nous et les
maîtres italiens.

Libre alors de ces influences, sous le coup d'une
émotion forte et poignante, Saint-Marceaux se
révéla soudain grand artiste et audacieux : il
sculpta le tombeau de l'abbé Miroy. Les Prus-
siens avaient fusillé ce prêtre. Sur la pierre tom-
bale, l'abbé Miroy est couché tout de son long,

inerte, la face contre le sol et tel que l'y étendirent les balles des fusilleurs. La vérité de ce cadavre est pathétique. Les bras contournés, la nuque tirée, la poitrine lourde marquent la rudesse du choc, lors de la chute ; et la torsion des jambes indique le fléchissement subit de ce grand corps qu'on a tué. La soutane se plaque sur le cadavre comme un suaire ; les plis sont les plus simples : ils marquent le mouvement des membres projetés par leur poids. La tête, aux longs cheveux désordonnés, n'est pas mystique ni défiante ; mais, innocente plutôt et presque enfantine, elle ne trahit ni peur ni colère. Ainsi, tous les détails de l'œuvre et sa composition rude sont expressifs. Le sculpteur a signifié l'acte brutal et inutile, odieux à cause de cela, le meurtre. Cette sculpture est franche ; elle ne doit rien aux écoles ; elle est indépendante de l'Italie.

En 1872, Saint-Marceaux partit pour Rome. Il y resta deux ans.

Je dirai les griefs que j'ai contre la renaissance italienne.

Le siècle de Léon X est considéré comme la triomphale époque d'un art parfait. Or, il fut une époque de décadence. Certes les noms de Michel-Ange et de Raphaël, de Titien, de Véronèse, de Tintoret, de Léonard ont du prestige : quoi qu'il en soit de leur génie, l'art de leur temps est un art de décadence. On le donna pour un art classique ; de là vint tout le mal.

La virtuosité le caractérise. Le canon de la beauté picturale et sculpturale est constitué; les règles sont formulées. L'art se dépouille de ses vertus primordiales. Les peintres et les sculpteurs d'alors sont païens et font de l'art religieux. Ils n'ont aucun souci de l'idée. Ils ne conçoivent plus l'art comme un moyen d'expression, mais ils se réjouissent d'une sorte d'inutile habileté. Du début à la fin du seizième siècle, on peut suivre pas à pas le progrès de la convention. Bientôt, il n'y a plus de contact entre l'art et la réalité; et l'idéologie de ces artistes, indigente, ne suffit pas, au lieu de la réalité méprisée, à vivifier leur art.

Leur art est vide et pauvre; cela choque d'autant plus que leur manière est plus fastueuse et opulente. Leur dextérité se prodigue en pure perte. Ils sont, dans leur peinture et leur sculpture, des rhéteurs. Cette espèce de gens florit aux époques de décadence.

Quelle influence peut avoir le seizième siècle italien? L'histoire de l'art est là pour témoigner contre lui : la peinture flamande se corrompit lorsque les peintres flamands partirent pour le funeste pèlerinage italien; et la sculpture française se gâta lorsque vinrent en notre pays les artistes italiens.

Le *Génie gardant le secret de la tombe* et l'*Arlequin* portent la marque de l'influence italienne.

Le *Génie* est superbe. Cette belle figure émeut

d'abord par sa grandeur et sa mélancolie hautaine. L'orgueil et la mort, unis, revendiquent leurs droits au suprême silence. L'exécution est surprenante de force et d'adresse. L'harmonie des lignes et leur pureté, la combinaison des plans, le mouvement vigoureux du corps solide et souple, la qualité des membres, des muscles et l'expression du visage sont les prouesses d'un artiste qui a dompté sa matière, qui joue avec elle et qui l'astreint à sa fantaisie. Déjà Saint-Marceaux a le précieux don de parfaire les modelés avec une subtile délicatesse, de pousser jusqu'au raffinement le soin du détail, le joli travail accompli, sans gaspiller la synthétique unité de l'œuvre. Tant il possède également les souveraines qualités de la puissance et de la grâce!

Mais le geste du Génie a, pourtant, quelque chose d'oratoire et d'emphatique. Il ne se contente pas d'être un signe : il est soucieux de valoir par lui-même. Sa beauté ne résulte pas de sa soumission juste à une idée : il dépasse l'idée.

L'*Arlequin,* chef-d'œuvre de spirituelle et fine élégance, pèche, lui aussi, par trop de rouerie.

L'influence italienne, en ces deux œuvres, la voici : l'art y est excessif; au lieu de se subordonner à une volonté de pensée, il s'épanouit avec luxuriance; il dédaigne d'être, ce qu'il doit être, un moyen d'expression et il s'arroge d'être une fin en soi.

Dans l'histoire de l'art, on peut distinguer trois

périodes qui, sans cesse, recommencent leur logique déroulement. L'habileté des artistes est d'abord inégale à leur inspiration ; ils sont maladroits : mais leur gaucherie, pleine d'une pensée en peine d'un symbole, est parfois touchante et attrayante. Puis vient une période, très courte, où l'habileté de l'artiste est capable de rendre avec exactitude, sans pauvreté ni excès, l'idée. Mais bientôt les artistes abusent de l'habileté qu'ils ont acquise : elle est tout, pour eux ; ils négligent l'idée et se livrent à des prouesses d'exécution. Cette troisième période, les critiques ont eu le tort de la considérer comme l'apogée de l'art, tandis qu'elle en est le déclin. C'est à la deuxième période que se réalise la perfection de l'art.

Ainsi, le seizième siècle italien est un âge de décadence. Et l'on peut constater, dans les différentes civilisations et les arts divers, une évolution pareille, extrêmement rapide vers la fin.

C'est pourquoi, lorsque l'art s'épuise, à la fin de sa troisième et décadente période, les artistes qui s'aperçoivent de l'erreur reviennent aux primitifs, s'éprennent d'un art très simple et pur. Revenir aux primitifs, c'est, pour eux, en quelque manière, revenir à la nature et à la vérité. Là est le salut. Mais il y a un danger : il ne faut pas les pasticher, ces primitifs ; il ne faut pas copier leurs idées, imiter surtout leur manière. Les préraphaélites anglais, qui eurent raison de préférer le quinzième siècle des Italiens au seizième, n'évitèrent point assez l'affectation de l'archaïsme. Ce qu'ils devaient demander aux primitifs, c'était un enseignement, — l'enseignement de ce principe essentiel : l'art est l'expression synthétique de la réalité et des idées, et la beauté d'une œuvre résulte de sa justesse expressive.

Aussi disais-je que Saint-Marceaux fut sauvé de la renaissance italienne par son goût ancien, sa connaissance de l'art médiéval. Il n'avait pas en vain vécu son enfance dans la familière admiration du treizième siècle rémois. Il est, à sa façon, préraphaélite. Seulement, il ne commit par la faute des préraphaélites anglais. Son tempérament d'artiste était trop original et son intelligence trop riche d'idées, trop curieuse de nouveauté, son imagination et sa sensibilité étaient trop ardentes et inquiètes pour que pussent l'asservir des formules d'art jadis réalisées. Pas d'archaïsme, chez lui. Certes, il est un sculpteur très moderne, épris de son indépendance et qui a secoué le souvenir des écoles.

D'autres artistes d'à présent réagissent aussi contre le vieil italianisme suranné. Même, leur révolte est souvent plus manifeste, parce qu'elle est désordonnée et comme furieuse. Ils éprouvent tant de haine contre la traditionnelle beauté qu'ils semblent hostiles à toute beauté ; ils oublient que le propre de la sculpture est de donner

à des idées une forme éternelle, et ils tombent
dans un fâcheux réalisme ou bien dans la sau-
grenuité.

Saint-Marceaux, lui, montre un égal souci de
la beauté plastique et de l'expression rigoureuse.
Il met son principal effort à ne pas sacrifier l'une
ou l'autre, mais à réaliser l'une par l'autre. Telle
est son esthétique; et, toute l'adresse qu'il doit à
l'étude des Italiens les plus ingénieux, toute sa
merveilleuse dextérité, il l'emploie, avec une
volonté très lucide, à cette fin.

Pour apprécier la transformation qu'a subie
l'art de Saint-Marceaux à dater du jour où, ayant
aperçu l'erreur des renaissants, il rompit avec
eux, il suffit qu'on veuille comparer au *Génie gardant le secret de la tombe* cet admirable *Devoir* qui
garde le tombeau de Tirard, au Père-Lachaise.
Combien cette œuvre-ci est plus simple et, en sa
simplicité, plus grande! Le faste d'autrefois est
aboli. L'artiste a renoncé à la magnificence des
gestes; il n'utilise plus l'idée comme un prétexte
à de savants effets plastiques, mais il a mis au
service de l'idée tous les moyens de la statuaire.
L'attitude est grave et sereine, d'une intelligente
et juste énergie et d'une beauté idéale en même
temps que matérielle. Il n'y a rien là qui ne serve
à exprimer cette notion supérieure du devoir
dont la beauté se traduit par les lignes fermes et
harmonieuses de la statue. C'est un art austère et
rigoureux, qui répudie les agréments adventices

et qui produit, par sa maîtrise et de lui-même,
tout son effet.

Qu'on examine la sculpture religieuse de Saint-
Marceaux, et l'on verra combien elle diffère absolument de la sculpture religieuse italienne. Les
humbles personnages de l'Évangile devinrent, au
seizième siècle, de superbes physiologies, aptes à
draper des manteaux de luxe.

Saint-Marceaux, s'il ne tente pas de remonter
à la pure dévotion de l'art médiéval, ne profane
cependant pas la légende sacrée. Dans l'église de
Bougival, sa *Vierge à l'enfant* est bien l'une des
plus exquises et sublimes Vierges que l'art français ait produites, même aux plus beaux temps
de la piété. L'amour maternel et l'amour divin
sont ici unis étroitement. Tendresse et admiration, tutélaire douceur et dévote humilité en présence de cet enfant qui est Dieu, le geste de la
Vierge indique tout cela. Plus haut que son visage, la Vierge hausse, de ses bras, l'enfant dont
elle sait les prédestinations. Dans les plis nets de
la robe, il n'y a pas d'ampleur inutile ni de vaine
splendeur : dirigés vers l'enfant, ils dessinent le
mouvement ascensionnel de la statue. *Ecce homo :*
celui-ci, que sa mère vous montre, sera l'homme
extraordinaire, il est le Dieu!... Et les Vierges de
la Renaissance ne sont que de jolies dames,
auprès de celle-ci ; les Vierges médiévales ne sont
pas plus ineffablement pieuses.

*
* *

Il me plairait de signaler, comme les plus caractéristiques du talent puissant et subtil, hardi et sûr, de Saint-Marceaux, trois œuvres moins connues et qui le révèlent absolument.

Dans les *Quatre Saisons,* panneaux de marbre destinés à orner des dessus de portes, il apparaît décorateur excellent. Les quatre figures de femmes sont ravissantes, d'une grâce fine et jolie sans joliesse. Et le relief est traité avec un art incomparable. Il s'éclaire doucement, sans faire de trous noirs ni de taches trop lumineuses. Les lignes sont nerveuses et souples, sans mollesse ni dureté. C'est la simplicité dans la perfection.

Le groupe des *Destinées* est une tentative prodigieuse. Trois femmes, pareilles à trois nuées, tendues en avant, volent sans ailes; et l'on dirait que c'est l'ouragan qui les chasse, mais c'est leur désir qui les porte. Elles sont la volonté de vivre, qui est heureuse ou malheureuse, qui se désespère, ou qui a peur, ou qui est ravie de belle attente, mais qui va vers l'avenir.

Comment faire évoquer à la pierre ce rêve impalpable? Surtout, comment lui communiquer ce mouvement terrible et furieux?... Il semble que la sculpture soit essentiellement un art d'immobilité. Fixer le mouvement!... Et, en fait, on n'a guère réussi, chaque fois qu'on l'essaya. Le personnage qui applaudit, dans le monument d'Eugène Delacroix, au Luxembourg, n'applaudit pas le moins du monde.

A cet égard, les *Coureurs* de Bouché sont un renseignement. Ils galopent, certes, et tendent les bras vers le but. Chose étonnante ! on voit à à la tension de leurs bras, de leurs cous en avant, qu'ils courent, — tandis que les jambes n'ont pas l'air de courir. C'est que, dans la course, on verrait les bras immobiles ainsi ; mais les jambes ne seraient discernables à nul moment de leur trop vive activité. Les *Destinées* de Saint-Marceaux n'ont pas d'ailes ; et leurs membres n'ont pas à remuer. Elles avancent en vertu de quelque force qui est en elles et qui est autour d'elles, qui est leur désir et qui est leur fatalité. Elles ne se meuvent point. Leur attitude n'est pas l'une de celles qu'on n'attrape que par l'instantanéité de la photographie et qui ne correspondent pas à un moment que l'œil perçoive. Leur attitude est durable et peut donc être fixée.

Le mouvement frénétique de ce groupe, c'est la tension du corps, l'effroi du visage et le frisson de la peau sous le vent qui l'indique.

Ce problème du mouvement qui ne déplace pas les lignes, Saint-Marceaux l'a, une nouvelle fois, résolu quand, à Berne, il réalisa le superbe envol de ses messagères. Elles n'ont pas d'ailes et ne s'agitent pas. Leurs muscles et les plis de leurs robes sont tels que la furie de leur allure est évidente. La belle ardeur!... Chacune d'elles a, devant elle, de l'air, de l'espace, un vaste champ libre pour sa course. Les corps sont fins, nerveux, cabrés, pour la joie de franchir en hâte les divertissantes distances. Les robes ne les alourdissent pas, elles marquent leur vif entrain. Et ainsi la rapidité vertigineuse est rendue par les moyens les plus simples, les mieux conformes aux lois de l'art sculptural.

Comment dire le charme des mains, plus ou moins promptes les unes et les autres à donner ou à saisir le message, certaines langoureuses, certaines prestes et hardies? L'œuvre entière a le caractère mystérieux et auguste que les Grecs conféraient au messager; ils l'appelaient, avec une courtoise déférence, « messager des hommes et des dieux », honorant ainsi la nouvelle imprévue, la confidence, l'émoi des lendemains, tous les secrets dont les dieux sont les gardiens authentiques.

*
* *

Peut-être l'avenir considérera-t-il comme le chef-d'œuvre de Saint-Marceaux cette merveille de l'*Aurore,* subtile, frissonnante, lasse, inquiète de rêve indistinct, de rêve tremblant, symbole de la minute obscure et incertaine de l'éveil, symbole de l'âme qui, à la lisière de l'inconscient, s'avive et de la campagne qui, au sortir de la nuit, s'anime de clartés charmantes. C'est la fin de l'immense fatigue nocturne et c'est la première allégresse du jour. L'ombre s'écarte et laisse passer des rayons. Plutôt encore que l'aurore, c'est l'aube, la plus mystérieuse des minutes.

Saint-Marceaux a fait rendre à la pierre de subtiles et fugitives impressions, de profondes et poignantes idées, et sans la tourmenter, sans lui donner cet air de catastrophe qu'on trouve ailleurs.

Pensée et beauté ne furent jamais plus parfaitement unies.

JULES HURET

Je me rappelle qu'un jour, avec Jules Huret, nous causions. Survint le nom d'un écrivain superbe, grand voyageur, dont l'imagination multiplia les beautés de la terre, — Chateaubriand, par exemple.

— C'est un menteur! s'écria Jules Huret.

Et, de tout son cœur, il se fâcha.

Si les hasards de la chronologie l'avaient permis et si Homère avait raconté les voyages de Jules Huret, comme il a fait pour ceux de l'ingénieux Ulysse, je crois qu'il eût appelé son héros « Jules Huret le véridique » ou bien « Jules Huret aux bons yeux et aux bonnes oreilles ».

Jamais on n'eut un sens plus exact, impeccable et comme plus involontaire, de la réalité, un tel appétit de la connaître en son détail, une telle ardeur à la chercher, un don si heureux de la peindre tout à fait pareille à elle. D'autres, qui se promènent par le monde, demandent au spectacle qui s'offre à eux un prétexte pour des rêveries ou des idéologies; ils ont vite fait d'attraper les symboles qu'il leur fallait ou les remarques dont ils abuseront. Ils n'aiment pas vraiment la réalité; ils ne l'aiment pas pour elle-même : et ils sont partis avant de l'avoir appréhendée tout entière.

Ce n'est pas la façon de cet Argus et de cet Hécatonchire, aux cent yeux et aux cent bras; et pourquoi la fable n'a-t-elle inventé aussi un personnage aux cent oreilles?... On le regrette, quand on lit ces volumes étonnants, *De New-York à la Nouvelle-Orléans*, *De Hambourg aux Marches de Pologne*, de n'importe où ailleurs, ces volumes qui sont tout pleins de couleurs, de sons, de formes, de statistiques, d'anecdotes, de paysages et enfin qui ont en abondance la prodigieuse gaieté, la tumultueuse richesse de la nature, mais ordonnée maintenant et préparée pour notre claire intelligence.

*
* *

Il paraît qu'une fois un jeune historien qui partait pour l'Italie alla voir Hippolyte Taine; et cet admirable amateur d'idées lui demanda :

— Quelles idées allez-vous vérifier là-bas?

Si Taine avait interrogé ainsi Jules Huret, je pense que celui-ci aurait noté ce mot de Taine, comme bien significatif d'un caractère et d'une méthode, et qu'il eût répondu :

— Aucune! Je vais voir!...

Ce n'est pas sa moindre qualité, en effet, que d'arriver devant les gens et les choses exempt de toute préoccupation. Rares sont les observateurs qui n'ont pas, en quelque manière, conclu déjà quand ils commencent à regarder. Avec le peu de notions qu'ils possédaient, ils se sont fait un système : désormais il y aura toujours un système entre eux et la réalité ; ils ne verront pas la réalité même.

Jules Huret, lui, a les yeux les plus ingénus qui se soient ouverts sur le spectacle d'ici-bas. Certes, il est malin ; certes, il est documenté ; certes, il a beaucoup vu et beaucoup retenu. Mais, quand il va s'informer, il est, si je puis dire, tout innocence. Il a cette aptitude singulière, d'oublier avant d'apprendre et, ainsi, de se tenir prêt à bien accueillir les nouveautés imprévues. Il ne désire pas que les choses soient telles ou telles ; mais il les recevra comme elles se présenteront, avec simplicité.

Le divin Platon l'eût complimenté, qui disait que le premier devoir d'un esprit soucieux de vérité, c'est la purification. Comme une eau limpide prendrait les souillures d'un vase où vous la verseriez, pareillement la vérité s'altérerait à entrer dans un esprit que des idées fausses encombrent.

C'est pour cela que Jules Huret regarde l'univers avec des yeux d'enfant.

*
* *

Mais quel enfant merveilleusement curieux !... Quel enfant terrible, à qui l'on ne cache rien, dès qu'il veut tout connaître !... Si terrible et si curieux qu'en définitive, non, je ne veux plus le comparer à un enfant, mais à un conquérant.

C'est ainsi qu'il est allé à New-York, à Boston, à Philadelphie, à Pittsburg, à Cincinnati, à la Nouvelle-Orléans, à Kiel, à Schwerin, à Rostock, à Brême, à Dantzig, à Kœnigsberg, à Posen ; c'est ainsi qu'il est allé partout, et partout exigeant qu'on lui remît, sinon les clefs des villes, du moins leur secret, les statistiques, les comptes, le bilan de leur prospérité ou le motif de leur inquiétude. Grand enquêteur et grand inquisiteur, il a tout examiné : les gouverneurs des provinces, les conducteurs d'hommes, les patrons et les ouvriers, les chefs et le troupeau lui ont tout dit. Certaines gens aiment assez à ne parler guère : il les engageait à parler ou bien il les y obligeait ; et même, il n'avait pas à les y obliger, mais son impérieuse bonne foi obtenait tout ce qu'elle voulait, l'aveu sans réticence, la vérité.

Qu'on n'essaye pas de le payer de mots : il demande des chiffres. Qu'on n'essaye pas de lui en conter : il a vite fait la critique des récits que vous hasardez. Il les enregistre, vos récits ; mais

il n'est pas dupe : sa méthode est sûre et son instinct ne le trompe pas. S'il enregistre les inexac-
titudes, c'est afin de les utiliser comme les preuves
des passions ou des rancunes, comme les traits
marquants des individualités, comme les grimaces
des physionomies qu'il peindra.

*
* *

Quand Jules Huret partit pour l'Amérique, je
me disais : — Il n'est guère malingre, timide ni
latin ; les choses d'outre-mer ne l'étonneront pas
assez !...

Elles l'ont étonné ; même, elles l'ont effaré, bouleversé, presque effrayé. Paris, de là-bas, lui sembla un « village paisible » . Il eut le sentiment de
l'énorme, de l'excessif. C'est bien ! Pour que l'Amérique produise, sur ce vigoureux voyageur, une
telle impression quasi révoltante, il faut que l'Amérique soit digne de sa réputation considérable.

Jules Huret vit tout : les hôtels formidables, à
dix-sept étages, à quinze cents chambres, et qui
emploient, pour les seules machines, plus de cent
ouvriers et ingénieurs ; les parties de football qui
attirent quarante milliers de curieux et dans lesquelles on crie : « Tue-le ! » avec sincérité ; les
universités qui comptent quatre mille élèves, les
théâtres, les collèges de filles, les usines, les ma-
nufactures, les clubs.

Il réussit à dresser les images puissantes de ces immenses habitacles. Il en décrit la vie intense et l'ardeur fébrile. Et il ajoute à ces grandes peintures de menus croquis où le détail est délicatement noté. Son tableau de l'Amérique est varié, concret, nombreux, et de quel éclat extraordinaire! Pour raconter le transport des métaux incandescents, dans les usines de Pittsburg, il trouve des mots auxquels on ne pensait pas, des métaphores évocatrices. C'est une féerie nocturne, à peu près sauvage, et adroite avec subtilité... Il est monté sur un train de douze « tasses » formidables; chacune d'elles contient vingt-cinq mille kilogrammes de fonte rouge. Cela remue au roulis du train; cela répand sur le sol des flaques de métal et lance très haut des feux d'artifice d'étoiles jaunes, bleues, aveuglantes, — « comme si un morceau de soleil liquide était venu s'écraser près de nous » !... Et, quand on verse ces cuves de feu, — « imaginez qu'on ait fondu des plumages d'oiseau-mouche, des queues de paon, des corsets de scarabées et de libellules, des écailles de poissons des Bermudes, des pellicules de nacre et des fleurs des champs, dans des torrents de soufre, d'améthystes, de turquoises, de rubis, de perles et de diamants » !... Voilà ce que les yeux de Jules Huret ont vu, sans ciller; mais, quand il nous le raconte seulement, il nous aveugle.

*
* *

Et il s'amuse. Le voici, par exemple, qui arrive à Kiel. D'abord, il est déçu; il trouve une ville médiocre, dépourvue d'originalité; il n'y remarque même pas le désir d'une bonne tenue et d'une apparence coquette, qui est la première gentillesse de bien des villes allemandes. Pour être content, il ne serait pas très difficile : de grands hôtels, des places aux parterres fleuris, quelques allées vertes lui suffiraient... Non; rien de tout cela. Kiel est affreuse et Jules Huret désolé.

Que va-t-il faire? S'en ira-t-il?... Un de mes amis, jadis, était parti pour l'Amérique. Il avait résolu de visiter le nouveau monde; et, à cette fin, durant des semaines, il s'était occupé de libérer sa vie, d'organiser ses affaires, comme qui sera longtemps hors de chez soi. Il prit le bateau, renonçant à des amitiés, à des habitudes, à toute une vie affable et casanière. Quand il fut à New-York, l'animation, l'agitation, l'étrangeté de cette ville lui déplurent. Donc, il entra dans un hôtel et il y demeura jusqu'au prochain départ d'un paquebot qui pût le ramener chez nous. C'était un homme, cet ami, peu acharné. Il revint en France et il ne voyagea plus du tout.

Que Jules Huret a plus d'entrain!... Si le pre-

mier aspect de Kiel lui a déplu, cela n'est pas
pour le décourager. Tant de choses l'intéressent
que Kiel ne saurait le laisser indifférent. Pas de
grands hôtels, pas de places aux parterres fleuris,
pas d'avenues vertes : mais il y a les chantiers
navals de la *Germania*; il y a les formidables
usines Krupp; il y a une rade splendide; il y a le
Yacht Club impérial; il y a l'appartement de
l'Empereur; il y a des gens qui ont approché
l'Empereur, entendu sa conversation familière,
des gens qui ont des anecdotes à raconter, des
anecdotes qui témoignent de la sensibilité impériale... Quand on enterra M. Krupp, à Essen,
l'Empereur se rendit à la maison natale du mort;
il se mit à genoux et il pleura, — il pleura, véritablement...

— Oh! c'est un très bon homme! — conclut
le narrateur, M. Thomas Dennis, qui, au Yacht
Club, assure les subsistances.

Quand on est loin, quand on est à Kiel ou à
Kœnigsberg, on pourrait bien, un dimanche, être
pris de mélancolie, de nostalgie et s'ennuyer
extrêmement. Jules Huret ne s'ennuie jamais. Il
se promène dans les rues; il regarde les passants,
les épie, observe leurs manières, leurs attitudes,
leurs façons de saluer ou de ne pas saluer, leur
démarche. Il va n'importe où. Il va au cimetière
et il note le sentiment que les visages manifestent.
Le sentiment de la mort n'est pas le même en
tous pays; et dis-moi comment tu affrontes l'idée

du trépas, je te dirai qui tu es. Alors, Jules Huret
s'émerveille de voir, en Allemagne, les cime-
tières analogues un peu à des squares où l'on
viendrait passer agréablement les plus belles
heures de l'après-midi : la sensibilité allemande
est moins secouée que la nôtre par l'effroi de la
mort.

*
* *

Un autre voyageur que Jules Huret serait, je
suppose, un économiste, ou bien un littérateur,
ou bien un militaire, un historien, un géographe,
un poète. Alors, il étudierait, en Allemagne ou
ailleurs, sa spécialité. Jules Huret, par la grâce
de sa curiosité universelle, est tout cela. Il
recherche et il collectionne tous les renseignements que chaque spécialiste voudra posséder.
Ainsi, son livre est une étonnante synthèse :
aucun détail ne manque; et chaque fait, par le
contact des autres mis en valeur, prend toute sa
signification.

Enfin, nous aurons, par Jules Huret, le tableau
du monde. Il nous aura donné le monde, que,
somme toute, nous ne connaissons pas.

Et le peintre veut disparaître derrière l'ouvrage
qu'il peint. Mais on le devine; chacune de ses
touches le révèle. Lui seul travaille ainsi, Jules
Huret, surprenant assembleur des éléments de la

**réalité, leur maître obéissant, leur esclave et leur
despote.**

*
* *

Nous qui n'aurons pas vu le vaste monde, ses
splendeurs, son amusement varié, consolons-nous
de notre mieux. De toute la terre, nous n'aurons
visité que les alentours de notre logement. Tâ-
chons de trouver de plausibles motifs d'aimer
notre sort. Tolstoï, qui détestait l'opinion des
autres, définissait leur dialectique : un stratagème qu'on emploie pour donner grand air à ce
qu'on fait. Utilisons ce stratagème, avec intrépidité : dénigrons les voyages et ornons d'arguments choisis notre fatalité casanière. La destinée
n'est supportable que si l'on trouve des raisons de
la croire délicieuse.

Tu voudrais te lancer dans l'aventure des
voyages? Tu dis que tu es las du décor habituel de
ta vie, et que tes yeux souhaitent des horizons
roses et violets, des collines chargées de pins en
touffes sombres, des océans nacrés, des villes
pleines d'art et d'histoire émouvante, des jardins
frais et de calmes vergers? Tu rêves de dépayser
tes sens? Tu imagines, très loin, de telles choses
qu'à seulement y penser, en chimère, le temps
te dure?...

Ah! relis — et médite-les — ces lignes de

l'*Imitation*. Un moine très sage les a écrites, qui savait le trouble des âmes : *Que pouvez-vous voir ailleurs, que vous ne voyiez ici où vous êtes? Voici le ciel, la terre et tous les éléments ; il n'existe rien qui ne soit composé de ces éléments.*

Alors, c'est là toute ta grande nostalgie? Tu désires de considérer les dosages divers de l'eau, de la terre, de l'air et du feu!... Le moine ajoute : *Quand on assemblerait sous vos regards la totalité de ce qui est, ce ne serait qu'un spectacle vain.* Et il conclut : *Fermez sur vous votre porte.*

Mais tu objectes que ce moine ignorait les principales délices de vivre. Il les savait; et il se méfiait. Je pense qu'il n'entra dans sa cellule qu'après avoir connu les inquiétudes du siècle. Oui, il savait l'allégresse du départ et la mélancolie du retour. N'a-t-il pas écrit encore cette parole désolée, que « les plaisirs du soir attristent le matin » ?...

Il nomme dissipation l'inutile désir d'éparpiller sa vie au hasard des chemins. Il réfugie en de fixes méditations sa peur de l'éphémère et son ennui du périssable.

Toi, ta cellule te semble fastidieuse! C'est que tu n'as pas su la parer de belles idéologies. Tu affirmes que, précisément, en voyage, tu recueillerais un trésor magnifique et ravissant d'images. Puis, revenu chez toi, tu aurais des heures agréables à les ranger, à les disposer sur les murailles mentales de ta songerie...

Présomptueux! Il n'est rien de plus difficile que de voir le monde en beauté.

Dis-toi, principalement, que le travail est fait : tu as tes livres, où de plus malins que toi ont fixé leur émoi des paysages et des cités illustres. Compagnons excellents, les voici, à portée de ta main. Ils contiennent plus de merveilles que tu n'en saurais découvrir, quand même, ainsi qu'Ahasvérus, tu parcourrais infatigablement, jusqu'à la fin des siècles et des siècles, des chemins et des routes illimitées. Leur complaisance est à la fois empressée et réservée; ils n'ont pas le défaut des personnes trop obligeantes : ils permettent qu'on renonce à leurs services, dès qu'on va le désirer.

Les écrivains à qui tu les dois, considère-les comme tes esclaves dévoués et habiles. Pour toi, ils se chargent d'une terrible tâche. Ils acceptent la corvée et ne t'offrent que le plaisir.

Pense qu'un Jules Huret a roulé sur les chemins de fer bruyants et cahotants, mal odorants en outre, sous des tunnels qui font un vacarme de catastrophe; et que, dans des hôtels fameux, il affronta le confortable de la vie moderne; et qu'il s'est astreint à converser avec les plus triviales compagnies, ici ou là, dans les divers districts de Babel; et qu'il fut la proie des ciceroni, et qu'il parlementa avec des cochers, et qu'il manqua des trains, et qu'il pleuvait et que le soleil ensuite se faisait un jeu de le cuire au bain-marie dans son manteau trempé. Il lui fallut se soumettre à des nourritures hâtives et mal coordonnées qui le rendaient impropre pour longtemps à la contemplation des œuvres d'art et des sites.

Eh bien, en dépit de tout cela, il sut dégager de tant de hasards calamiteux une féerie radieuse et poignante qu'à peine aurais-tu devinée et que voici, parfaite, sous tes yeux.

Barrès, quand il composait la *Mort de Venise,* éprouvait la taquinerie venimeuse des moustiques et souffrait des inconvénients du paludisme. Quand il décrivait Tolède et les bords du Tage, la brûlante chaleur, l'âpreté des rochers et l'exaltation de son cœur, dans une telle solitude délabrée, le tourmentaient et l'angoissaient.

Et Jules **Huret,** les distances qu'il a laissées entre ses regrets et ses désirs, de l'orient à l'occident, les lui envieras-tu?...

Voilà. Tes esclaves, que tu envoies aux quatre coins des horizons, acceptent mille incommodités et, à force de soins, réussissent à te rapporter de leurs erreurs les splendides et délicats joyaux qu'ils t'abandonnent.

Pourquoi réclamerais-tu leur tâche laborieuse? Ils se consacrent tout entiers à ton bonheur. Profite de leur dévouement, en égoïste circonspect.

Avant de t'embarquer, pense à ce que tu quittes.

Tu quittes ta vie organisée; tes meubles, qui ont l'habitude de toi; tes paperasses, dont le désordre est si pareil à celui de ton esprit que tu

t'y reconnais avec facilité; tes besognes journa-
lières, si précieuses pour endormir ton humeur
fantasque et apaiser à la lassée ton pessimisme;
et tes manies, qui sont — l'oubliais-tu? — l'essentiel de toi!...

Tu t'éloignes de camarades auxquels tu es
accoutumé, dont tu as amorti l'abord, limité les
singularités. Ils ont presque cessé de te nuire; ils
font partie d'un paysage innocent qui ne t'offense
plus. Sur les paquebots et à la table dansante
des dining-cars, dans les musées, partout, tu en
rencontreras d'autres, tout neufs ceux-là et qui
auront le désagrément des choses neuves, que
l'usage n'a point adoucies.

Le savant système de tes hypocrisies indispensables, tu y renonces. Il te faudra improviser, au
jour le jour, de médiocres ruses, qui te garderont
mal de tentatives imprévues. Tu vas être la proie
des circonstances et des gens.

Au lieu de quoi, si tu restais à la maison,
comme la sagesse t'y engage, tu goûterais de
suaves journées, silencieuses et inoccupées, où il
te serait loisible d'être toi, tout simplement, —
toi, qui ne vaux pas grand'chose, mais qui as, à
tes yeux, l'avantage au moins d'être toi, et non
les autres!...

Au besoin, si tu manques de distractions,
occupe ton désœuvrement à combiner des dialectiques plus ingénieuses que les miennes pour te
persuader de la vanité des voyages.

Tu peux épiloguer encore sur un précepte du vieux Démocrite, qui florissait dans Athènes au temps des guerres médiques. Il disait à peu près : « Prends le bâton du voyageur, abandonne la maison de ton père, risque le mauvais accueil de l'étranger, pour trouver, de retour, un goût exquis à ton pain noir ! »

Achète du pain blanc et demeure chez toi, plutôt que de recourir à de si durs exercices spirituels.

M. DE FREYCINET

Il y a des gens si frivoles, et pourtant si rudes, qu'ils aperçoivent en M. de Freycinet un éminent ministre de la guerre, et voilà tout. Du reste, c'est magnifique déjà : nous avons eu des ministres de la guerre qui n'étaient pas éminents ; et nous savons ce qu'il en coûte.

Cependant, un jour, voici quelques années, le Boulevard n'en revenait pas... L'on sait qu'il n'y a plus de Boulevard ; cependant il est commode d'appeler encore ainsi, non un quartier de Paris, mais l'ensemble de la futilité parisienne, laquelle demeure un peu partout. Le Boulevard n'en revenait pas : il apprenait, par les journaux, qu'à l'Académie des sciences, M. de Freycinet, l'ancien ministre de la guerre, avait tenu son auditoire sous le charme en discourant du *postulatum* d'Euclide, qui est une question très ardue. Sur le Boulevard, — c'est-à-dire au Bois, aux Champs-Élysées, dans la plaine Monceau et ailleurs, — on supposait à un ancien ministre de la guerre d'autres délassements que l'étude de la mathématique.

Toutefois, la guerre et la géométrie ont cousiné, jadis, dans l'histoire. Archimède, qui fut si fort épris et ravi, selon Plutarque, de « la douceur et des attraits de cette belle sirène », la géométrie, Archimède dirigea lui-même la défense de Syracuse contre les Romains; et, comme il leur donnait du fil à retordre, les Romains irrités et émerveillés l'appelèrent un « Briarée géomètre ».

Notre Archimède, à nous, aime depuis fort longtemps la belle sirène mathématique. Ce n'est point une passion qui lui soit venue sur le tard. En 1858, quand il avait trente ans à peine, il publia un gros ouvrage relatif à la *Mécanique rationnelle;* l'année suivante, une *Étude de l'analyse infinitésimale* ou *Essai sur la métaphysique du haut calcul.*

*
* *

Lorsque M. de Freycinet fut ministre, — et, par bonheur, souvent, — il lui fallut négliger un peu la sirène. Mais il ne l'oubliait pas. Il songeait à elle avec attachement et avec regret; et il se promettait de lui revenir, aussitôt libre.

Aussitôt libre, en effet, on le voyait se retirer dans son cabinet de travail, se recueillir, attendre que se fussent évanouis les vacarmes parlementaires et enfin préparer, pour la douce dame aux

attraits de raison, le logis de sa haute et claire
intelligence. Et la dame venait. Elle semble
aujourd'hui installée à demeure. Non que M. de
Freycinet se consacre à elle uniquement. Un
Briarée, même géomètre, a cent bras et cin-
quante têtes; il peut donc, à la fois, être sénateur, membre de commissions fort nombreuses,
académicien, que sais-je? et néanmoins écrire
sur le *postulatum* d'Euclide et ses axiomes.

Nous sommes toujours bien étonnés, quand
nous découvrons un homme d'action qui s'occupe d'idéologie. Et c'est, pour notre époque, un
mauvais signe. La plupart de nos hommes d'action révèlent une puissance de pensée toute
petite. Certes nous avons beaucoup de penseurs :
ils ont choisi cette renommée; et ils ne pensent
à rien, mais ils parlent et l'on croit qu'ils
pensent. Ils le croient eux-mêmes, avec leur sincérité rapide et légère; ils sont dupes, leur clientèle aussi. D'autres penseurs — et, ceux-là, authentiques — vivent au milieu des réalités comme
si elles n'étaient point. De préférence, ils vivent
à l'écart, habitent au delà du monde sensible, se
livrent à des méditations que nous connaissons
peu et que la réalité quotidienne ne connaît pas.

C'est dommage, pour notre époque. Et voici
l'un de nos malheurs : ce ne sont pas les mêmes
gens qui pensent et qui agissent. Conséquence :
le grand désordre de la vie contemporaine.

M. de Freycinet, lui, ne fut pas député, sénateur et ministre sans acquérir la juste conscience des réalités. Et, au surplus, sa géométrie n'est pas un rêve irréel.

Qu'on veuille bien lire l'*Expérience en géométrie;* c'est un livre admirable et bientôt très attrayant.

D'habitude, on se figure la géométrie comme une science abstraite, où l'expérience n'a rien à faire. Je pose des principes et j'en déduis les conséquences logiques : un théorème est démontré, quand j'ai rattaché à des principes antérieurs cette proposition nouvelle que le théorème formule.

Seulement, qu'est-ce que ces principes?... Des axiomes, — c'est-à-dire des vérités « qui n'ont pas besoin de démonstration ». Et l'on affirme que ces vérités n'ont pas besoin de démonstration, parce qu'on ne réussit pas à leur en trouver une. De là il résulte que, suspendue à ces principes en l'air, la géométrie elle aussi est une science en l'air.

*
* *

Eh bien, l'idée de M. de Freycinet, c'est d'empêcher cela. Il ne veut pas que la géométrie soit une science en l'air. En d'autres termes, il met tout son zèle à démontrer que les axiomes sont démontrables; et, pour ce faire, il les démontre. Comment? Par l'expérience.

Excellente initiative. Et, en vérité, voilà le service que devait rendre à la géométrie un géomètre à qui la politique a enseigné l'importance de la réalité concrète. Les autres, ceux qui s'enferment dans leur rêve immatériel, ignorent la rassurante joie qu'on éprouve à toucher du doigt et à manier ses différentes certitudes. Un ministre de la guerre qui, sur le papier, mobilise ses troupes, sait aussi qu'il est agréable de les voir, en chair et en os, le 14 juillet, à la revue.

Revenons à nos axiomes; et prenons un exemple, parmi eux. La ligne droite est le plus court chemin d'un point à un autre. Chaçun le sait et chacun le proclame; qui n'en mettrait au feu sa main?... Dangereuse forfanterie, si l'on ne s'est point d'abord assuré du fait!

Or, les logiciens, avec toute leur dialectique si industrieuse, n'arrivent pas à établir cet axiome. M. de Freycinet le remarque; et il n'en est pas surpris. L'axiome selon lequel on affirme que la ligne droite est le plus court chemin d'un point à un autre, il ne lui accorde pas la qualité d'une vérité transcendante; mais il le considère comme le résultat d'une expérience facile, et que l'humanité a faite depuis longtemps, et que tout le monde peut renouveler à sa guise, ne fût-ce qu'en se promenant.

Cela s'entend de reste.

Autre exemple. Et soit le *postulatum* d'Euclide. Mais n'ayons pas peur des mots; il n'est rien de plus simple au monde. Euclide dit : — Par un point, on ne peut faire passer qu'une seule ligne parallèle à une droite. — Est-ce clair? Beaucoup de géomètres ont admis ce principe tout de go ; et on les appelle euclidiens. Il y a, ici-bas, une infinité d'euclidiens qui ne savent pas qu'ils le sont. D'autres géomètres, observant que ledit principe n'était qu'un postulat, refusèrent de l'accepter et marquèrent leur indépendance. Catégoriques autant que jaloux de leur autonomie mentale, ils affirmèrent — pour ennuyer Euclide ! — que, par un point, on peut faire passer des tas de parallèles à une droite ; ou bien ils affirmèrent, avec la même intrépidité, qu'on n'en peut faire passer aucune.

C'est du désordre.

— Essayez ! — dit à ceux-ci et à ceux-là M. de Freycinet. — Faites l'expérience ; et vous vérifierez qu'Euclide a raison.

Pareillement, les non-euclidiens nient avec désinvolture que la somme des angles d'un triangle soit égale à deux angles droits.

— Faites un peu l'expérience, pour voir !

Voilà comme parle à un non-euclidien cet homme de gouvernement.

*
* *

Il fait descendre la géométrie du ciel sur la terre. Il la transforme en une science des réalités. Triangles absolus, parallèles idéales et droites supra-sensibles que nous contemplions dans le clair-obscur des entités vagues, M. de Freycinet les remplace par des triangles authentiques, des parallèles incontestables et des droites avérées.

Il est un géomètre réaliste. C'est pour cela qu'il fut, quoique épris de la belle sirène aux attraits de raison, un ministre de la guerre éminent : je me méfierais d'un ministre de la guerre non-euclidien.

ÉMILE BOUTROUX

M. Émile Boutroux, l'un des maîtres les **plus**
illustres de la philosophie contemporaine et l'un
de nos derniers métaphysiciens, a poussé un cri
d'alarme; et la voix qui, sur les mers, annonça
que Pan était mort n'a pas dû retentir plus terriblement. M. Émile Boutroux a proclamé la mort
de la philosophie.

Hé! oui, c'est à peu près la même chose que la
mort de Pan. Il y avait Pan, la réalité universelle;
et il y avait notre connaissance de Pan, la philosophie. A présent, même si la voix qui a couru les
mers mentait et si Pan vit encore, c'est exactement comme si Pan n'existait plus. Ou bien, il
meurt une seconde fois. Il était mort pour lui;
mais il meurt maintenant pour nous; et nous
allons nous attrister davantage.

*
* *

En 1867, pour l'exposition qui marqua l'heureuse apogée de l'Empire, Félix Ravaisson écrivit

ce glorieux *Rapport* qui résume l'histoire de la philosophie française telle qu'elle évolua pendant les deux premiers tiers du dix-neuvième siècle. Comme l'auteur de ce rapport était un grand esprit, il arriva que cet ouvrage de constatation fut aussi un ouvrage de doctrine ; à ce qu'il enregistrait il ajouta ce qu'il inventait. Le *Rapport* fut, au moins, une nouvelle orientation philosophique ; et il eut son influence.

M. Émile Boutroux a repris, en 1908, l'œuvre de Ravaisson ; et il la reprit au point où Ravaisson l'interrompit, à la date de 1867, pour la mener, lui, jusqu'à nos jours. Ce deuxième rapport est digne de celui qu'il continue. D'une forme beaucoup plus brève, d'une sèche élégance, d'une grave beauté idéologique, ferme, vif, preste, il court à ses conclusions, qui sont terribles, car elles signalent les tribulations que subit chez nous la philosophie et les commentent, ces tribulations, de telle sorte que voici annoncée la fin de la philosophie.

En résumant ainsi les conclusions de M. Boutroux je sais bien que je vais au delà de ses dires. Tout de même, on le verra, ce qui subsiste, en fait de philosophie, et ce qu'on attend, n'est pas de la philosophie.

1867, eh bien, cette date, une contingente exposition l'imposait à Félix Ravaisson. La destinée arrangea les choses et fit que cette date, en réalité, marqua la fin d'une période et le commencement d'une autre. Le troisième tiers du dix-neuvième siècle a subi de nouvelles influences : celle de Jules Lachelier, par l'essai sur le *Fondement métaphysique de l'induction* et par l'enseignement oral de ce maître ; celle de Darwin et d'Herbert Spencer, qui tous deux attestaient la qualité philosophique des sciences naturelles ; celle des néo-kantiens et, par exemple, celle d'un Charles Renouvier ; celle d'Hippolyte Taine qui, en 1870, publiait le livre de l'Intelligence ; celle enfin de l'école expérimentale et de son chef, Théodule Ribot, l'auteur de la *Psychologie anglaise contemporaine*.

Des philosophes nouveaux arrivèrent. Quel est aujourd'hui le résultat de leur travail ?

Et, d'abord, que devint la philosophie, dès cette époque ?

Elle se détourna de la dialectique abstraite ; elle se mêla aux diverses activités, scientifique, religieuse, artistique, politique, littéraire, morale, économique, par lesquelles l'homme, qui pense ou qui ne pense guère, entre en contact avec les réalités environnantes. Elle ne prétendit plus à suffire et demanda aux sciences, à la vie, aux arts les matériaux de ses doctrines. Elle était transcendante et elle devint immanente.

Bref, à la philosophie se substituait peu à peu, ou bien assez vite, des groupes de recherches philosophiques séparés les uns des autres.

Donc, M. Émile Boutroux étudie séparément

ces différents groupes. A chacun d'eux il consacre une notice précise où entrent les noms des
philosophes, les titres de leurs ouvrages et l'indi-
cation de leurs trouvailles, ou de leurs hypothèses, ou de leurs préférences. Métaphysique,
psychologie, sociologie, morale, philosophie des
sciences, philosophie de l'histoire, philosophie
religieuse, esthétique, histoire de la philosophie :
tels sont les chapitres de ce résumé de la pensée
moderne.

Arrivons aux conclusions.

Les sciences nombreuses et autonomes qui
tendent à remplacer la philosophie, — psychologie, sociologie, logique des sciences, histoire de
la philosophie, — sont « aussi indépendantes d'une
philosophie centrale que peuvent l'être ou la physique ou la chimie ». Et M. Boutroux écrit : « On
dirait que le temps approche où la philosophie,
comme telle, aura vécu et sera remplacée, purement et simplement, par une collection de
sciences philosophiques, c'est-à-dire par quelques
unités ajoutées à la liste des sciences positives. »

C'est exactement ce phénomène que je signalais comme la mort de la philosophie.

Pour l'interpréter d'une autre manière, il faudrait concevoir l'éparpillement actuel de la phi-

losophie comme provisoire et méthodique ; il faudrait supposer que les différentes études auxquelles les philosophes — ou, plutôt, les savants — contemporains se livrent sont destinées à entrer dans un ensemble dont les diverses parties, fortement liées et logiquement coordonnées, composeraient la philosophie générale.

Mais, d'abord, une telle philosophie générale ne serait pas la philosophie. Et, secondement, aucun signe ne permet de supposer que l'analyse actuelle prépare une prochaine synthèse. M. Boutroux indique lui-même que « pareille conjecture serait gratuite » et que, dans notre pays, le goût de la synthèse philosophique est « plus émoussé que jamais » : « on estime téméraire et vain de fabriquer une vérité dite métaphysique en assemblant, par un travail subjectif, les résultats de l'analyse des phénomènes ».

Autant dire que la métaphysique est perdue. Et, comme il n'y a en somme de véritable philosophie que métaphysique, c'est la fin de la philosophie qu'amène la perte de l'esprit métaphysique.

Allons jusqu'à imaginer qu'arrivent à leur achèvement les sciences particulières qui se sont substituées à l'étude philosophique ; il est bien évident que les spécialistes nombreux qui cherchent là leur renommée ne les abandonneront pas de sitôt. L'ensemble, même coordonné, de ces sciences particulières ne sera qu'une collection : ce n'est pas une synthèse.

Ce qui se produit, en fait de philosophie,
M. Boutroux le note très finement. L'esprit d'analyse et le goût de la spécialité poussent les gens à
se cantonner dans les sciences particulières. Mais
ce qui reste de « l'esprit d'universalité » a ses
revanches et qui sont assez lamentables, voire
assez comiques. Voici. Chaque science particulière « enfle ses ambitions » ; elle oublie qu'elle
s'est installée dans un petit coin et elle se croit, ou
veut faire croire qu'elle est « la philosophie universelle » qui enfin a pris possession de son véritable principe.

Ne dirait-on pas qu'on assiste à ces phénomènes
d'anarchie prétentieuse qui suivent le démem-
brement d'un grand et bel empire? Les principi-
cules abondent; et il faut les voir, qui organisent
le faste de leur cour, la somptueuse administration des provinces toutes petites dont ils affirment,
comme ils peuvent, l'hégémonie. Il n'est pas, de
nos jours, un menu géographe qui ne se croie le
maître et l'autocrate de la pensée humaine. A
mesure que nos philosophes ont été obligés de
rétrécir le champ de leurs travaux, ils sont devenus de plus en plus arrogants, dogmatiques,
vains et difficiles à vivre. Nous regorgeons de
petits souverains intellectuels et de dérisoires despotes qui se sont eux-mêmes intronisés.

La psychologie traite rudement les autres
sciences. La sociologie, à son tour, la traite
comme une vassale. La logique, la philosophie

de l'histoire ne sont pas moins entreprenantes et arrogantes.

La philosophie, au sens propre du mot, exige, dit M. Boutroux, deux conditions : primo, « la conception des choses au point de vue de l'unité » ; secundo, « un principe d'unité puisé dans la nature humaine ».

En effet, la philosophie est l'effort que fait la pensée humaine pour ramener les choses à un principe commun, qui soit un principe de pensée humaine. Ainsi, toute philosophie est synthétique et, dans une certaine mesure, anthropomorphique.

Or, les sciences positives sur lesquelles sont basées les études particulières qui remplacent la philosophie ont pour conséquence, et peut-être pour objet, de « déshumaniser » la nature.

En outre, ces études particulières, parmi lesquelles la pensée philosophique s'est éparpillée, détruisent la croyance à l'unité des choses, qui, d'ailleurs, n'était peut-être qu'une illusion, mais une illusion nécessaire à la philosophie. Le plus grave, du reste, et le plus fâcheux, c'est qu'elles ne démontrent pas que la croyance à l'unité soit une illusion. Si elles le démontraient, ce serait encore autant d'acquis; et ce positivisme, ainsi constitué, aurait une valeur idéologique appréciable. Mais non : elles procèdent, si l'on peut dire, par négligence. Les philosophes — ou, du moins, les anciens philosophes — sont cantonnés

dans leurs études particulières. Ils s'y occupent;
et ils s'y plaisent. Alors, ces études particulières
les accaparant, ils ne sont plus attentifs à la possibilité logique d'une synthèse véritablement philosophique. Cette possibilité, ils la négligent et ils
l'omettent : c'est, en quelque sorte, par prétéri-
tion qu'ils sont devenus positivistes.

Détachées du tronc commun de la philosophie
centrale et prétendant se nourrir seulement de la
sève des sciences positives, les études particulières auxquelles s'attachent nos philosophes, nos
pseudo-philosophes, mèneraient à « l'abolition
complète de la philosophie ».

M. Émile Boutroux, en fin de compte, aboutit
à une consolante distinction de philosophie et de
l'esprit philosophique. Il reconnaît que les systèmes sont en baisse; mais il défend aussi nos philosophes de se confondre avec les simples savants :
il les montre capables d'une autre vision des
choses.

Évidemment!... Tout de même, cela n'empêche pas la métaphysique — et c'est-à-dire la
philosophie — de mourir, ou bien d'être morte.

L'aventure idéologique que M. Émile Boutroux
raconte et explique d'une manière si pénétrante,
Marcelin Berthelot l'avait annoncée; il avait an-
noncé pis encore!... Voici quelques paroles de ce
grand esprit désespéré. Il songeait à l'avenir de
la pensée humaine; et il écrivit : « Il sera maté-
riellement impossible de s'assimiler l'ensemble

des découvertes de son temps. Le cerveau humain ne pouvant plus absorber l'immense majorité des faits acquis par les sciences, ne pourra plus généraliser, c'est-à-dire s'étendre et se développer. On ne pourra donc plus progresser: et je prévois, pour un temps futur, une période où le progrès intellectuel restera stationnaire... »

N'est-ce pas ce « temps futur » qui est arrivé? N'est-ce pas l'époque de l'inévitable décadence qui a commencé?

Or, selon Marcelin Berthelot, le progrès matériel s'arrêtera en même temps que le progrès intellectuel : « Quand l'homme aura capté les chutes d'eau, utilisé les forces des marées, la chaleur solaire, la chaleur terrestre, et qu'il aura remplacé les produits de la terre et des animaux par des aliments artificiels en tout semblables aux aliments naturels, on aura, semble-t-il, atteint les termes du progrès matériel. La vie se multipliera, la population décuplera. Mais vers où pourra bien se diriger le progrès?... » Que deviendra alors l'âme humaine? et quel sera son progrès? — « Les idées morales, la conscience, les abnégations et les sacrifices, l'amour du beau et du bien progresseront-ils à proportion des découvertes scientifiques et des commodités de l'existence?... » Marcelin Berthelot posait cette terrible question; et, dans le chagrin de certains jours, il répondait qu'on ne verrait jamais le triomphe de la raison.

Je ne sais jusqu'où va le pessimisme des prédictions que formule M. Émile Boutroux ; je ne sais s'il va aussi loin dans la désespérance spirituelle que les prophéties de Marcelin Berthelot. Mais, quand meurt l'espoir d'une synthèse idéologique où entrent les divers éléments du tout, le grand Pan meurt à tout jamais.

Il y aura quelques rêveurs encore. Mais nos petits philosophes seront de plus en plus étroitement enfermés dans leurs spécialités exigeantes. Ils travailleront là, tranquilles et méticuleux : et ils auront oublié le grand Pan.

D'abord, ils ne s'apercevront pas de l'inconvénient qu'il y a nécessairement à procéder ainsi. Et puis, leur détestable erreur ayant vicié tout leurs travaux, ils se décourageront.

Ils sont partis de cette idée qu'il ne faut pas aller, tout de go et comme d'un trait, jusqu'à l'absolu, jusqu'à la substance première, sans avoir pris dans le concret ses assurances ; mais ils vérifieront que ce qu'ils nomment le concret n'est pas un tout déterminé qui ne dépende que de soi : ils vérifieront que ce prétendu concret n'est pas moins abstrait que la substance pure. et qu'en un mot il n'est pas de physique nettement dégagé du métaphysique.

Alors, ce sera la faillite du peu qui reste.

GABRIEL FAURÉ

Si nos âmes n'étaient que des endroits où les idées font, entre elles, de la logique, — comme jouent les jeunes filles au volant, ou plutôt comme jouent aux échecs des négociants attentifs, en des estaminets de villes provinciales, — la musique serait fort inutile ; ou, mieux, il n'y aurait pas de musique.

Ou encore, si nos âmes étaient ce que Descartes a raconté, s'il n'existait d'idées que distinctes, il n'y aurait pas de musique.

Seulement, ce n'est pas du tout cela !...

Il ne faut pas non plus comparer nos âmes à des salles où l'acoustique est excellente, de telle sorte qu'y fleurisse et s'y épanouisse chaque son, chaque sentiment, séparé de tous les autres et consacré à sa seule aventure. Nos âmes seraient plutôt pareilles à une chambre toute pleine d'échos où chaque note est répercutée et ressassée.

Une belle musique tient compte de cette résonance de nos âmes.

Elles sont pareilles à une chambre dont les

murs seraient doués d'une extrême sensibilité. Un sentiment s'y manifeste ; et, au lieu de naître et mourir, il traîne, il s'atténue, il se multiplie. Il devient un murmure, il devient une chanson vague, il devient un soupir, il n'en finit pas de se prolonger en variations tumultueuses, et que guette le néant, et qui s'acharnent à survivre et à dire, affirmer qu'elles ne sont pas mortes. Cela dure encore, et déjà un autre sentiment, un autre son, naît et commence sa romanesque destinée. Ainsi se mêlent, se croisent, se combinent celui-ci et celui-là, ceux-ci et ceux-là, de manière à former une émouvante polyphonie, que les mots ne savent pas rendre ; mais seule y suffit la musique.

Tu rêves de la bien-aimée absente. Ton chagrin serait le thème, ton chagrin, ta nostalgie. Mais arrivent les souvenirs de la bien-aimée qui était là : et ils ajoutent leur gaieté, leur charme à la mélancolie où tu es. Il n'est pas une promenade où tu l'aies accompagnée, il n'est pas un émoi de sa voluptueuse beauté, et il n'est pas une langueur laissée par son doux abandon, qui n'intervienne dans la détresse où tu languis. Et la chanson de ton âme est un alliage harmonieux de ta pire douleur et de ta meilleure allégresse.

Ah ! pour que nous fussions très heureux ou, du moins, tranquilles, il vaudrait mieux que fussent nos âmes pareilles, non à des chambres de résonance, mais à des champs de manœuvre

où des bataillons d'infanterie marchent au pas
accéléré sous le juste commandement d'un chef
qui sait la théorie. Et les bataillons énergiques
vont et viennent, se font place mutuellement,
concertent leur entrain, forment une colonne
complexe, ordonnée et victorieuse.

Qu'y pouvons-nous? Ce n'est pas cela, malheu-
reusement; et, pour que ce soit cela, il s'en faut
de quasi tout.

Il n'est pas une idée furtive qui touche nos
âmes sans y éveiller tout un extravagant concert.
Ainsi, dans les forêts d'automne, une feuille n'est
pas remuée sans que frémisse tout le feuillage
environnant.

Et voici que s'émeut une autre idée ou qu'est
suscitée une alarme nouvelle. Alors, idée ou
alarme, elle va, badine, pleure, en appelle
d'autres, qui se joignent à elle et l'augmentent de
leur afflux. Elle dépérit; et puis, elle renaît; et
puis, elle est nombreuse infiniment. Dans cette
abondance, on ne la reconnaît plus. Elle est là,
pourtant. C'est elle qui soudain semble seule et
qui à d'autres moments disparaît, pour revenir
bientôt, seule encore, ou associée à d'autres, ou
par d'autres dénaturée.

Et je veux bien qu'une petite phrase, flexible et
attentive, ingénieuse avec ses mots finement
agencés, suffise, en nos plus calmes minutes, à
rendre l'état de nos âmes; ce sont nos minutes
privilégiées. Mais, d'habitude, une musique nom-

breuse, variée est plus analogue à notre douleur compliquée de joie, d'indifférence, d'enthousiasme et d'irrésolution.

Nos âmes sont bien à plaindre, telles que les voilà, et non seulement telles que Dieu les a faites, mais telles encore que les a refaites le hasard, le cher et fantaisiste hasard, roi et despote de nos plaisirs, de nos peines et de toute notre déraison. Seule les plaint comme elles le désirent la musique, la délicieuse, chaste, compatissante et complaisante musique.

*
* *

Avec ses cheveux blancs, longs et légers, avec ses yeux bleus encadrés de bistre, avec ses fortes moustaches qui ne lui donnent point un aspect sévère, et avec son air d'écouter une symphonie lointaine où il choisira, Gabriel Fauré entrerait à merveille dans l'une de ces compositions allégoriques auxquelles se plurent les anciens dessinateurs. Il serait cuirassé d'or et armé ; mais le glaive et l'armure attesteraient seulement sa suprématie. Autour de lui se presserait, en bel arrangement, une troupe de jeunes femmes symboliques, vêtues de souples étoffes qui ne dissimulent pas leurs attraits ; et, à divers attributs, ornements, ou à des banderoles explicites, on reconnaîtrait que l'une est la Mélancolie, une

autre la Tendresse, une autre la Gaieté, une autre
la Volupté, une autre l'Absence, une autre la Rêverie, une autre la Pitié ; il y en aurait d'autres
encore : chacune d'elles porterait ainsi le nom de
l'une de nos heures Et chacune s'empresserait;
mais leur souveraine apporterait la couronne de
myrte : et celle-ci serait Psyché, notre âme.

*
* *

On a dit souvent de Gabriel Fauré qu'il était
notre Schumann. Et l'on a raison de le dire, si
l'on tâche ainsi de marquer, par l'analogie d'une
gloire incontestée, l'importance de son œuvre.
Mais notre Schumann, un Schumann de France,
et un Schumann tout autre, à sa manière origi-
nale et si particulière qu'on la distingue dans la
surprenante diversité de ses compositions. Nul
artiste n'est plus varié, plus apte aux inspirations
les plus différentes ; mais son style caractérise
toutes ses réussites.

En fait de musique de chambre, il a donné des
quatuors, des sonates et des quintettes d'un tour
noble et gracieux, d'une qualité classique. Sa
musique religieuse est véritablement pieuse et,
sinon mystique, du moins consciente de son
sublime objet ; par la simplicité grave et charmante de la ligne, elle a toute la dignité du genre
et elle suit toutes les péripéties du drame divin :

la messe de *Requiem* est un chef-d'œuvre accompli.

Gabriel Fauré n'a pas écrit pour le théâtre. Il a composé de la musique de scène, un *Shylock* délicieux, un admirable *Prométhée*, le subtil et bel accompagnement lyrique et musical d'une ou deux situations de *Pelléas et Mélisande*. Il donnera bientôt un opéra de *Pénélope*.

Surtout, il est le maître incomparable du lied. C'est là que s'est manifesté, avec le plus d'abondance et de nouveauté, son merveilleux génie. Depuis *Lydia* jusqu'à la *Chanson d'Ève*, quelle magnifique profusion !... *Lydia,* sa première mélodie, a la perfection délicate de l'élégie antique, la grâce latine ; et elle fait songer que Catulle et Properce auraient voulu cette musique autour de leur rêve d'amour et de mort. Et puis Fauré multiplia les chansons de tendresse et de mélancolie. Il empruntait aux meilleurs poètes le sujet, le motif ; et il accomplissait, avec une aisance extraordinaire, le miracle perpétuel de l'obéissance absolue et de la plus complète liberté. Fauré ne suit pas seulement le texte du poème, il n'est pas seulement docile à l'exactitude des mots et du rythme : mais il dévoue à l'idée, au sentiment du poète, son intelligente et respectueuse attention, sa fine complaisance. Il ne veut pas que le poème n'ait été que le prétexte de sa musique. Et sa musique n'en est ni diminuée ni contrainte.

Avec quelle spontanéité heureuse elle s'élance !

Elle ne subit aucune gêne ; on dirait qu'elle est toute seule ; et l'on ne sait si elle mène le poème ou si le poème la mène : ils vont tous deux ensemble, et comme animés l'un par l'autre.

Quand Niedermeyer eut composé la musique du *Lac*, je crois que Lamartine fut content, car le *Lac* en devint plus célèbre et plus populaire encore. Toutefois, il écrivit, dans le singulier commentaire de ses Méditations, que la musique et la poésie sont deux arts qui n'ont pas besoin d'une aide réciproque : un beau poème a en lui-même sa musique, disait-il, comme une belle phrase musicale a en elle-même sa poésie. Ce reproche, où il y a un peu d'ingratitude, s'adresserait justement à maintes mélodies modernes. Beaucoup de musiciens, fort désinvoltes, se moquent un peu trop du poème. Et il en résulte que le poème est une chose, la musique en est une autre : l'union, tout à fait arbitraire, de ces deux choses ressemble à ces mariages, dits de raison, où les deux époux vont chacun de son côté.

Mais, quelle exquise réussite, le parfait accord de deux arts jumeaux !... Par les jours de limpide lumière, la plaine d'Ombrie est adorablement parée de la double verdure des oliviers et des vignes. Au fût de chaque olivier grimpe une vigne : les feuilles de l'olivier sont grises et argentées ; la souple vigne, plus foncée, marie son feuillage à celui de l'arbuste qui la soutient, — qui la soutient, qui la porte et qui ne l'étouffe

pas, et qui la laisse joliment s'épanouir à son gré.
Ainsi composent une ravissante harmonie la vigne
et l'olivier d'Ombrie.

Et ainsi, la musique de Fauré se pose sur les
poèmes, s'appuie sur eux, suit leurs rameaux et
se développe à sa guise, fidèle et libre, amoureuse et vive.

Elle s'est éprise des chansons tendres, mélancoliques de Verlaine. Cette poésie s'est, ainsi,
doublée; deux voix se sont mises à l'unisson, la
voix qui parle et la voix qui chante, afin d'aller
plus directement à l'esprit et à l'âme.

Les lieder de Fauré sont un des plus étonnants
trésors de musique qu'il y ait. Tristesse et gaieté,
la joie des amours commençantes, les désespoirs
des déclins du cœur, l'allégresse, la nostalgie, la
crainte de la frivolité universelle, cette peur de
la mort qui est au fond de tous nos émois, et le
tranquille bonheur, et l'imprudence des embar-
quements pour Cythère, et la suave douceur des
larmes, et enfin toutes les innombrables façons
que nous avons de mêler nos sentiments, nos
douleurs et nos félicités, tout cela, — et ce qu'on
ne sait pas dire avec des mots, — tout cela est
dans les divins lieder de Gabriel Fauré.

Les musiciens les plus difficiles les ont déclarés
très savants. Les ignorants les entendent et ils en
ressentent le charme souverain.

Et puis, avec ses récentes *Chansons d'Ève,*
dont il a emprunté le thème littéraire à Charles

Van Lerberghe, Fauré a encore renouvelé son art. A son œuvre d'amour, d'élégie et de fête galante il ajoute une inspiration philosophique, une note de pensée profonde. Les *Chansons d'Eve,* qui évoquent les premiers jours du monde, le mystérieux commencement de tout, le rêve inaugural, sont à ses mélodies antérieures ce qu'est à la poésie de Musset la poésie d'Alfred de Vigny. Une méditation musicale, et de quelle beauté poignante et sereine !...

*
* *

Il est malaisé de parler d'un art qu'on aime et dont le secret vous échappe ; et la musique n'a pas besoin de commentaire, probablement. Je n'ai pas su rendre le prestige de cette impérieuse, douce et puissante magicienne : un charme qui trouble, qui alarme et par les plus discrets et les plus purs moyens de l'art. Ce charme, on devait l'analyser mieux ; et, tout de même, à la fin de l'analyse la plus délicate, il resterait encore l'essence indéfinissable, qui ne dépend ni de la technique ni de la science, — et qui est le prodige intime de la musique, l'âme intangible des sons, âme passionnée et qui se marie à nos âmes plus étroit que la vigne aux oliviers d'Ombrie.

JULES LEMAITRE

« Beaucoup de choses sont obscures, pour les hommes ; mais rien, pour eux, n'est plus obscur que leur propre esprit. »

Cette mélancolique et judicieuse pensée, un homéride la formula voici deux mille cinq cents ans, à une époque qui nous semble être la jeunesse du monde et où il paraît que florissaient déjà la sagesse et l'expérience éprouvée des sceptiques. Cette parole excellente nous engage à éviter l'erreur où se laissent aller les psychologues trop confiants. Et l'on est sage, on est content de la citer d'abord, comme une excuse ou, au moins, comme une précaution, lorsqu'on va tracer le portrait de l'un des esprits les plus divers de ce temps.

L'âme d'un autre, et qui a participé à la vie actuelle, si multiple et absurde, et fût-ce la plus simple des âmes que nous ayons entrevues, est difficile à résumer. Mais un Jules Lemaître ! Un Jules Lemaître, poète, critique, auteur dramatique, essayiste, romancier, journaliste, un Jules Lemaître qu'on a pris pour un sceptique, et voire pour un humoriste, et qui soudain se mêle avec ardeur à la plus violente politique de son époque, un Jules Lemaître qu'ont ému toutes les littératures et toutes les idéologies, comment l'attraper et comment fixer sa ressemblance? Parmi ses physionomies nombreuses, comment choisir, et laquelle?

En fin de compte, s'il nous échappe, nous invoquerons la tutélaire objection du vieil homéride.

*
* *

Plusieurs de nos contemporains sont à peu près inintelligibles. Ou bien, en d'autres termes, nous apercevons en eux mille choses qui ne s'accordent pas. Et, en les regardant, nous apercevons ceci ou cela; mais nous ne voyons pas le principe vivant et profond qui assemble toutes ces contrariétés.

On le chercherait en vain : c'est qu'il n'existe pas.

Plusieurs de nos contemporains ressemblent à la boutique du marchand de curiosités qui est dans *la Peau de chagrin*. Et l'on y trouve « un océan de meubles, d'inventions, de modes, d'œuvres, de ruines », un bric-à-brac de formes, de couleurs, de pensées, « mais rien de complet ». Ce sont des gens qui ont été fort accueillants, faciles et hospitaliers pour les bribes que leur apportait le hasard. Dans ce désordre, nous serions éperdus, si bientôt nous ne savions qu'il ne faut pas chercher plus avant.

Mais, à une telle boutique aventureuse, opposons l'une de ces maisons provinciales où a bien et doucement duré l'existence longue d'une famille. Les meubles, d'âge inégal et de différent style, font des contrastes singuliers et amusants. Il y a, parmi eux, des objets qui viennent de très loin et qui attestent les voyages dont, le soir, on parle encore. La bibliothèque est chargée des livres auxquels se plurent, parfois et à tour de rôle, les membres de la famille : il y en a pour tous les âges et pour les plus dissemblables journées. Avec ses armoires pleines et avec l'abondance des objets qui l'encombrent, cette maison ne nous déconcerte pas ; et nous admettons que s'y déroule une existence harmonieuse.

Ou bien, recourons à une autre image, et plus aimable peut-être.

Plusieurs de nos contemporains ont des âmes qui ressemblent à des bouquets de fleurs coupées et variées. La réunion de telles fleurs n'est pas évidemment désagréable. Mais elle est tout artificielle ; et il n'y a point à la commenter autrement que comme un caprice. D'autres âmes, et qui nous intéressent davantage, sont analogues à une belle plante qui s'est développée librement et qui a bien fleuri. Les rameaux nombreux se croisent et se mêlent avec une fantaisie charmante; ils font mille dessins où nos regards se divertissent; et la disposition des fleurs, les nuances de leurs pétales, leur quantité, leur défaillance ou leur épanouissement réalisent un complexe chef-d'œuvre dont le détail était imprévu. Mais, parmi tant de riches hasards, nous nous reconnaissons; nous savons qu'il y a une racine, nous savons où elle est.

Or, il nous faut, ici-bas, appeler intelligibles les choses ou les âmes que nous pouvons, avec bonne foi, réduire à l'unité. Peut-être n'en est-il pas de même pour Dieu et pour les intelligences qui sont admises à lui faire compagnie : je me demande ce que vaut l'unité, à l'état de noumène. Dans ce monde des phénomènes, il n'y a qu'elle pour nous donner le sentiment de comprendre. Il nous semble que l'unité soit la vie; et la vie est la seule réalité que nous concevions.

Eh bien, en dépit d'une variété merveilleuse, Jules Lemaître, le plus divers de nos contemporains, nous apparaît tout de suite comme qui nous doit être intelligible; ou bien, ce sera notre faute, et non la sienne. Car il est parfaitement naturel.

*
* *

On ne peut l'être davantage; et sans doute l'est-il plus que personne.

Le contraire de cette qualité, ne l'appelons pas hypocrisie. Une sincérité suffisante, et enfin tout ce que le prochain peut, sans niaiserie, attendre de nous en fait de sincérité, ne nous empêche pas d'arranger un peu notre personnage. Et, quelquefois, cela vaut mieux : beaucoup de femmes ont raison de se vêtir avec magnificence et de se farder; beaucoup de gens, hommes ou femmes, agissent bien en dissimulant sous des dehors apprêtés l'esprit que leur a donné le destin.

Même, il est rare qu'on soit tout à fait naturel avec soi. Nombre de vieillards meurent sans se connaître encore. Seront-ils présentés, chacun à lui, dans l'autre vie?...

Être parfaitement naturel, cela suppose maintes vertus, et des plus jolies. Cela suppose, en outre, qu'on peut l'être sans rougir. Et l'on n'est point cynique, non plus. On est charmant, avec simplicité.

Les personnes qui ne sont pas occupées de littérature et qui manquent pourtant de naturel méritent des reproches. Mais un littérateur ou, d'une façon plus générale, un artiste qui reste naturel a remporté une belle victoire sur de grandes difficultés. L'art est une si drôle de chose!...

Et, faute d'habitude, parce que l'occasion n'est pas fréquente, on éprouve une sorte de timidité émerveillée à dire d'un littérateur : — Dans la tristesse comme dans la gaieté, et qu'il songe

amèrement, ainsi que les temps l'y engagent, ou
bien qu'il s'abandonne à la douceur de la vie,
qu'il soit dans ses belles heures étincelantes d'esprit, de fine humeur, d'exquise plaisanterie, ou
que sa mélancolie le tourmente, à aucune minute
on ne peut l'apercevoir différent de lui-même et
s'efforçant en quelque manière. Il ne se montre
pas, il ne se dissimule pas : on le voit.

C'est le caractère qu'on trouve d'abord à
l'œuvre de Jules Lemaître. Avec tout l'art possible, avec une délicate ingéniosité, il ne cherche
qu'à rendre sa pensée de la façon la plus analogue à cette pensée même. Les phrases, les
jolies phrases qu'il fait, ne sont pas un ornement,
une parure vaine pour l'idée; souples, elles
suivent tous les contours de l'idée, elles l'accom-
pagnent, elles y adhèrent et elles n'ont pas
d'autre office que de la révéler...

> Que je t'aime dans cette robe
> Qui te déshabille si bien!...

Quand il a trouvé, quand il a justement agencé
les mots qui parlent ou chantent selon la voix
même et le rythme de sa pensée, il est content.

Il veut que son art, à son exemple, soit naturel. Peut-être ne déteste-t-il vraiment que les
sentiments guindés et les propos menteurs. Pour
les formes diverses que prend la sincérité des
hommes et des femmes, il a ou de la tendresse ou
de l'indulgence.

*
* *

Aucune intelligence n'a été plus capable de tout comprendre et, ne disons pas de tout admettre, — car il a, mieux que des préférences, des exigences très nettes, — mais de tout expliquer. A cause de cela, on a quelquefois cru qu'il était un sceptique; sait-on si lui-même, un peu de temps, ne l'a pas cru?... Et puis on a bien vu que non; il le vit lui-même, et peut-être avec douleur.

Il s'est formé à la lecture de tous les livres, à la méditation de toutes les doctrines; il connaît les tentatives innombrables que les idéologues et les artistes ont faites pour réaliser un bel et grand système du monde; il apprécie à leur valeur toutes les admirables et industrieuses dialectiques auxquelles on recourt quand on désire de transformer ses prédilections en théories dogmatiques. Il a regardé, il a examiné ces subtiles et fortes machines; et, s'il ne se hâtait pas de choisir entre elles, c'est afin de ne pas se priver du spectacle que toutes lui donnent.

Il devint un critique tel qu'il n'y en a pas d'autre. Il a tous les points de comparaison qui sont indispensables si l'on assume le soin de discerner et de juger. En outre, il se détache assez facilement du reste pour se consacrer à ce qu'il étudie. Il est fervent et lucide.

La complaisance longue et patiente qu'il avait accordée à tous les essais d'art et de pensée l'engageait à l'incertitude. Il concluait au badinage, volontiers. Lorsqu'on a vu se succéder les théories, lorsqu'on les a vues les unes après les autres fleurir et se faner, les fleurs nouvelles semblant seules douces et précieuses pour le court temps de leur durée, on regarde ces épanouissements avec plus de curiosité que de passion; et l'on évite de se donner à ce qui bientôt s'en ira.

C'est ce que fit Jules Lemaître, le spectateur le plus averti qu'ait eu la trop tumultueuse vie contemporaine. Il fut, si l'on veut prendre ainsi le mot, un sceptique. Mais un sceptique par amour. C'est-à-dire qu'il se méfia de la facilité presque sentimentale avec laquelle il eût accueilli une nouveauté, pour l'abandonner ensuite au profit des autres. Il évitait ce chagrin des regrets et il laissait défiler devant lui les prestiges, en kyrielle amusante. Il demeurait à l'écart, avec un esprit sensible et alarmé, qu'il préservait de trop pénibles déconvenues.

*
* *

Et puis, un beau jour, il sortit de ce refuge où s'était installée sa curiosité libre. Il s'aperçut qu'il n'y pouvait plus demeurer. La vie l'appelait au dehors, la vie impérieuse, exigeante et qui refuse de vous laisser tranquille. Dehors, il y avait un grand trouble; et il s'y mêla.

Cette imprudence généreuse, il la paya de son repos. On l'attaqua passionnément; et on l'attaqua même avec sauvagerie. Se consola-t-il en songeant que, pour d'autres convictions que les siennes, on l'eût pareillement vilipendé? Il aurait eu pour adversaires les amis que lui fournirent alors les circonstances. En ce temps-là, qui est le nôtre, nos compatriotes manquaient tous de mansuétude et, presque tous, de politesse.

Quelle époque, entre les plus mauvaises, viles et hargneuses!...

Mais Jules Lemaître s'entoura de livres et il eut une merveilleuse bibliothèque. Les bibliophiles savent que, sur son *ex-libris*, il fit graver ces mots : Inveni portum.

Quelle heureuse devise! Où est-il donc, le port qu'il a trouvé, le refuge qu'il a découvert?

Puisque la devise est collée au plat de ses livres, nous allons penser que les livres sont le port et le refuge.

Il a écrit, au sujet des vieux livres, quelques-unes de ses pages les plus délicieuses. Un exemplaire des *Sentiments de l'Académie sur le Cid,* aux armes du cardinal de Richelieu; une *Esther* offerte par Racine à Mme de Maintenon, avec dédicace de la main de l'auteur : — qui resterait indifférent, à regarder et à toucher de tels volumes, qu'ont feuilletés des doigts augustes? Sur les reliures, les dessins ne sont pas exactement géométriques : un tremblement, une hésitation attestent « la main vivante et mobile de l'ouvrier ». Les ors, les rouges et les verts des peaux sont adoucis, atténués, unis. Une première édition, même fautive, est préférable à toute autre. Voici les premiers caractères d'imprimerie par lesquels s'est révélée, est devenue « matérielle, publique et durable » la pensée de Corneille, de Racine et de Molière. Et l'on évoque aussi, à feuilleter tel exemplaire, Mme de Sévigné ou Mme de Lafayette qui descend de sa chaise ou de son carrosse, devant la boutique de Barbin, pour acheter un Corneille ou un Racine. Ainsi, tout le passé ressuscite, le passé un peu lointain, le passé de la France. Or, il est doux et apaisant de rêver dans le passé, de « réveiller tous les hommes que nous portons en nous »... Et non que le passé soit purement exquis ; mais il a, sur le présent, cet avantage : les abominations du passé sont abolies. Ensuite, on peut, dans le passé, choisir, et chacun de nous selon ses prédilections secrètes. Le présent, lui, ne nous permet pas de choisir : il nous inflige toute sa réalité, où il y a de tristes et déplaisantes choses.

*
* *

Jules Lemaître se mit à écrire, « en marge des vieux livres », une série de contes. Il emprunte à l'*Iliade* et à l'*Odyssée*, à l'*Énéide,* aux Évangiles, à la *Légende dorée,* à Corneille et à Racine, les anecdotes et les personnages ou, mieux, le commencement de ses récits. Il reprend et il continue le thème interrompu des poètes épiques, des apôtres, des hagiographes et des écrivains du grand siècle. Et le voici comparable à ces aèdes de l'ancienne Grèce qui, peu à peu, enrichissant le texte d'Homère, composèrent d'une pensée multiple et variée l'histoire des dieux et des héros.

On a beaucoup discuté sur l'existence d'Homère. On nia d'abord qu'il fût l'auteur et de l'*Iliade* et de l'*Odyssée.* Puis, la science devenant plus hardie, on nia qu'il eût seulement vécu. C'était la mode, il y a quelques années, de prétendre que les poèmes homériques naissaient spontanément d'un peuple qui produisait donc des épopées comme la terre les moissons. Et puis, il a fallu rabattre de ce trop grand honneur qu'on faisait aux foules et à la conscience populaire d'une époque. Les foules n'ont jamais rien créé, que le désordre; et la conscience populaire d'une époque demeure stérile, si un individu bien doué ne la vivifie. Cet individu, appelons-le Homère : sans lui, Hélène n'aurait manqué à son devoir que pour son agrément personnel et peu durable. Aujourd'hui, Homère a si bien recouvré l'existence que son dernier commentateur, le savant et ingénieux M. Victor Bérard, nous le désigne

comme un malin qui flagornait les rois d'Asie
Mineure, leur fournissait de complaisantes généa-
logies, racontait des voyages qu'il n'avait pas
faits et pillait un peu les « guides du voyageur »
de son temps.

Mais il n'a pas écrit toute l'*Iliade*. Son poème
était assez court. Ensuite, d'autres chanteurs ont
pris l'aventure où il l'avait laissée et l'ont, de
place en place, enrichie d'épisodes nouveaux.
L'*Iliade* s'est ainsi développée.

Eh bien, Jules Lemaître a remarqué, en lisant
l'*Iliade*, que Télémaque, si digne de notre intérêt,
n'y accomplissait pas sa destinée. Il songea donc
à le marier ; et quelle plus gentille fiancée trouver
à ce jeune homme que la petite Nausicaa dont les
bras sont blancs et dont l'âme est pure, et qui
sera une épouse modèle, active autant que gracieuse, car elle a beaucoup d'esprit et ne néglige
pas le soin de laver elle-même son linge à la fon-
taine.

Ulysse avait bouché de cire les oreilles de ses
matelots, quand le navire passa tout près des
sirènes déconcertantes. Il agissait en capitaine
prudent. Mais nous sommes victimes de son stratagème ; et nous ne savons pas comment procèdent avec les amoureux de leur beau chant ces
filles de visage aimable, qui ont le buste joli et se
terminent en poissons. Jules Lemaître nous le
dira, puisque Homère l'a oublié. Il suppose que
l'un des matelots, Euphorion, ôta la cire de ses

oreilles et se jeta résolument à l'eau. Une petite sirène, Leucosia, lui fut clémente; et ils s'aimèrent à peu près autant qu'on peut s'aimer, bien que la jeune Leucosia, en sa qualité de sirène, symbolisât assez évidemment divers inconvénients féminins.

L'*Énéide* ne se prêtait pas moins à de tels accroissements. Jules Lemaître a voulu conter à son tour la mort mélancolique de Pallas, fils d'Évandre, et il s'est attendri sur le sort de cette Anna, sœur de la reine Didon : Virgile l'avait sacrifiée à la souveraine plaintive; Jules Lemaître lui accorde une aventure avec le compagnon d'Énée, Achate.

Depuis le jour que Virgile, par un singulier caprice d'auteur, allait brûler son *Énéide* si de lettrés amis ne l'en eussent empêché, son œuvre n'a pas cessé de vivre et de se transformer dans l'intelligence des siècles. Elle devint à Rome, tout de suite, un livre de classe. Les écoliers du Latium y apprenaient l'origine légendaire de leur race, y trouvaient de nobles motifs d'orgueil national, de justes raisons de préférer leur patrie et leurs dieux aux dieux étrangers et aux diverses patries. La leçon leur profita.

Au moyen âge, Virgile fut honoré comme un prophète annonciateur du Christ. Les peintres de verrières et les sculpteurs de portails l'ont placé, dans nos cathédrales, entre Ezéchiel et la Sibylle. On sait comment cette fortune singulière lui advint. Il avait adressé à son ami Pollion, le consul, une églogue où il célébrait la prochaine naissance d'un enfant qui abolirait la douleur générale et ouvrirait une ère nouvelle de bonheur et de pureté. Du reste, il ne désignait pas avec clarté cet enfant merveilleux. Les commentateurs chrétiens ne doutèrent pas que ce ne fût, dans la pensée du poète, le Christ.

A quel enfant Virgile songeait-il? Un fils de Pollion, peut-être? Mais Virgile dit à Pollion que l'enfant doit naître « sous le consulat de Pollion » : ce n'est pas attribuer à un père une suffisante initiative.

M. Boissier, je crois, a trouvé la véritable interprétation. L'impératrice était alors enceinte; et, comme Auguste avait beaucoup fait déjà pour améliorer la vie romaine, il était naturel de penser et aimable de dire que le fils d'Auguste établirait le définitif âge d'or. Seulement, le bébé qu'on attendait fut une fille, — déception cruelle, — et cette fille, Julia, tourna par la suite fort mal. Le poète n'insista point et laissa dans le vague ses prédictions.

A l'époque de la renaissance, Énée fut un baron féodal. Le grand siècle le fit marquis, ou peu s'en faut.

Au dix-neuvième siècle finissant, l'*Énéide* devint l'un des bréviaires favoris des doux apôtres que nous eûmes et qui préconisaient la religion de l'humanité. Le tendre et sensible Énée pleura sur la souffrance universelle et, grâce à divers contresens, mêla ses larmes à celles des choses. Virgile devint une sorte de Tolstoï imprévu.

Et voici Jules Lemaître qui, à son tour, comprend Virgile à sa manière, délicatement spirituelle, narquoise et gaie avec mélancolie. Didon et sœur Anna épiloguent sur l'amour en contemporaines de nos psychologues les plus subtils et de nos moralistes les plus indulgents : elles savent que notre cœur est sujet à des changements furtifs et qu'on ne lui commande qu'en lui obéissant.

Virgile, au cours des siècles à venir, se transformera selon de nouvelles pensées que nous ne prévoyons guère plus que lui-même ne prévoyait les chrétiens, les renaissants, les philosophes humanitaires et Jules Lemaître. Il signifiera des tristesses et des chimères que nous ne connaissons pas encore. Et ceux qui le liront après nous y seront attentifs justement à ce qui nous échappe.

Telle est la destinée extraordinaire et poignante des beaux livres qui sont le trésor de l'humanité. Trésor inépuisable et merveilleux, que l'on dirait soumis à des prestiges, tant il a de facilité à se faire la parure changeante de l'âme humaine en sa métamorphose indéfinie.

Les Grecs n'avaient qu'un petit nombre de sujets dramatiques. La seule famille des Atrides alimenta des centaines de tragédies. Chaque

poète nouveau s'inspira des malheurs d'Œdipe ;
et l'on ne croyait pas utile de chercher d'autres
fictions pour offrir à des spectateurs réfléchis
une émouvante image des catastrophes que la
fatalité organise. Mais, au gré d'une philosophie que les circonstances et la méditation des
penseurs modifiaient, la légende ancienne s'animait d'une idéologie nouvelle. Les Grecs ont
donné ce témoignage de leur croyance à la
continuité de l'âme humaine, qui demeure la
même en dépit des incertitudes et qui, en
somme, n'est inquiète que d'un petit nombre de
problèmes.

La bible de l'humanité est écrite depuis longtemps ; et nos ancêtres millénaires ne nous ont
pas laissé le soin de la composer. Mais ils nous
ont abandonné les marges du livre unique, où
chacune des générations successives griffonne ses
gloses, plus ou moins belles, plus ou moins durables. Le texte, lui, ne s'altère pas. Indifférent
au commentaire successif, on dirait qu'il attend
avec sérénité les remarques ultérieures.

Quand les écrivains seront sages, peut-être la
production littéraire diminuera-t-elle admirable-
ment ; et peut-être nos romanciers, nos drama-
turges, nos poètes renonceront-ils à se figurer
qu'ils inventent de nouveaux thèmes, à se tracasser pour la recherche d'une autre Hélène,
d'un autre Pâris, d'un autre Ménélas.

La douzaine de livres sur lesquels l'humanité

a vécu et vivra suffiront. Et, de loin en loin, après que des hommes de génie auront formulé des hypothèses nouvelles, ou à peu près, sur l'économie du monde, les tribulations de la destinée et l'inconstance de nos désirs, ou bien après que des calamités cosmiques ou populaires auront un peu secoué le rêve de nos esprits, un bon écrivain se chargera d'inscrire quelques lignes, de plus en plus courtes et d'une écriture toujours plus parcimonieuse du papier, sur les marges de ces vieux livres.

Il me semble que cette pensée un peu triste et raisonnable a inspiré à Lemaître le projet, qu'il a si bien accompli, de rédiger les gloses par lesquelles notre temps aura marqué son passage, de noter les nuances de sentiment qui nous épargnent l'ennui de faire trop effrontément double emploi avec nos aînés.

*
* *

Et le refuge, maintenant, on le devine. Il n'est pas seulement, comme disait Montaigne, la librairie. Certes, entre des murailles de beaux et vieux livres, au milieu de leur silencieuse éloquence, on est bien. Mais, pour l'esprit, le refuge est une place dans la série humaine à laquelle on appartient.

Ou bien, en d'autres termes. le seul asile est

dans la sécurité de la tradition perpétuelle.
Nous croyons nous en évader, pour nous dis-
traire; et ce n'est que folie. Nous revenons; et
aussitôt nous sentons que nous sommes chez
nous.

Jules Lemaître n'eut point à se convertir; il
n'eut qu'à prendre une conscience plus nette des
idées qu'il préférait. S'il relut les *Contemporains*
et les *Impressions de théâtre*, il put y voir l'image
nombreuse, claire et variée de toute la pensée
moderne; il put encore y découvrir une évidente
et saine prédilection pour les œuvres de qualité
française. Au temps même de son « impression-
nisme », que Ferdinand Brunetière lui reprochait, Lemaître, qui ne méconnaissait pas la
farouche grandeur et l'attrait d'un Ibsen ou d'un
Tolstoï, se gardait et gardait son lecteur contre la
temptéueuse invasion des littératures étrangères;
et il accomplissait déjà une excellente besogne de
protection nationale.

Il avait l'air de plaisanter, avec tant de grâce,
avec tant de charme, qu'on lui pardonna de jouer
ce rôle de défense utile. Et même, on ne s'aperçut pas qu'il le jouait; il n'en fut pas moins
efficace.

Quand il passa de la critique littéraire à la
critique politique, on s'aperçut de ses projets; et
l'on se fâcha : il se fâcha lui-même. C'est que les
gens prennent la littérature pour un jeu qui n'a
pas d'importance : et ils sont, là-dessus, la tolé-

rance même. Seulement, ils croient que la politique est fort grave : et ils se trompent, avec une fougue singulière. Ainsi vont les choses! Mais, plus vive de ton, — parce qu'il faut bien tenir tête à l'insolence des politiciens, — la politique de Jules Lemaître a le même caractère exactement que sa critique littéraire : elle est une politique de défense française. A tort ou à raison, — et qui oserait dire, hélas! qu'il eût tout à fait tort? — Jules Lemaître considéra que l'esprit de notre pays était en butte à divers ennemis : il résolut de guerroyer contre les ennemis de l'intérieur, les plus dangereux parce qu'ils connaissent la place. Son activité politique continua l'énergique initiative de sa critique littéraire; pareillement, ses comédies raciniennes sont l'exemple d'un art dont sa critique est le précepte. Et ainsi, toute son œuvre est harmonieuse.

La pensée de Jules Lemaître, je la comparerais à quelque paysage de la France nouvelle, qui eût bien conservé le caractère de l'ancienne France; mettons, à quelque paysage de la Touraine, puisque cette province est l'une des plus belles et l'une de celles qui ont le mieux gardé le souvenir des grands siècles. Pas de montagnes formidables, de ravins ni de précipices. Rien de tragique, ni d'affreux, ni de sublime. Mais, dans une infinie douceur de l'air, une incomparable harmonie des couleurs tempérées et des plus gracieuses lignes. Le dessin des collines est le cadre d'un ciel changeant où le gris et bleu se combinent sans rudesse. Il y a, de place en place, des châteaux illustres et tout pleins d'histoire. Partout la vie est facile et heureuse. C'est, en vérité, le pur paysage de France

FIN

NOTES

———

I. — Bjoerntsjerne BJOERNSON. — Les quelques lignes
d'*Au delà des forces* que j'ai citées, je les emprunte à la
traduction de M. A. Monnier (Paris, Stock). Et je dois plusieurs détails de la vie de Bjœrnson au précieux livre de
M. Jacques de Coussange, *la Norvège littéraire* (Paris,
Michaud, s. d.).

II. — Jean MORÉAS. — Les renseignements relatifs à l'adolescence de Jean Moréas et à ses premiers débuts, comme
poète grec, je les ai empruntés à de très intéressants articles
que M. A. Andréadès a publiés dans le *Temps* au mois
d'avril 1910.

III. — Albert VANDAL. — Pour l'exposé des idées politiques et historiques d'Albert Vandal, j'ai utilisé, en dehors
de ses livres, le discours qu'il a fait à l'Académie française,
le 16 janvier 1908, pour la réception du marquis de Ségur,
et deux conférences qu'il a données, sous les auspices de la
Société des Conférences, l'une le 7 février 1908, sur « le
18 Brumaire » et l'autre le 14 mars 1910 sur « la Russie et
le second Empire ».

IV. — Albert SAMAIN. — Les lettres d'Albert Samain,
auxquelles je fais allusion, furent adressées à M. Léon Ro-
cher ; et *Vers et Prose* les publia au mois de décembre 1907.

V. — Jules RENARD. — Les écrits politiques de Jules Renard

ont été réunis, par les soins des *Cahiers nivernais*, sous ce titre : « Mots d'écrit », octobre-novembre 1908. Un autre volume du même recueil, août-septembre 1910, « Causeries », contient des lettres importantes et des discours.

VI. — Charles-Louis PHILIPPE. — Des lettres de l'auteur de *la Mère et l'enfant* ont été publiées par les *Cahiers nivernais*, février-mars 1910 ; et d'autres, plus nombreuses, ainsi que les *Charles Blanchard,* par la *Nouvelle Revue française,* en 1910.

VII. — Henri POINCARÉ. — La conférence de M. Henri Poincaré, relative à « l'Invention mathématique », a été faite à l'Institut général psychologique ; et elle a été publiée par la *Revue du Mois* en septembre 1908.

VIII. — Émile BOUTROUX. — Son rapport sur « la Philosophie en France depuis 1867 », M. Émile Boutroux l'a écrit pour le troisième Congrès international de philosophie (Heidelberg, 31 août-5 septembre 1908) ; et il l'a publié dans la *Revue de Métaphysique et de Morale* au mois de novembre 1908.

TABLE DES MATIÈRES

PARIS

TYPOGRAPHIE PLON-NOURRIT ET Cie

Rue Garancière, 8